# Cynnwys

# Byrfoddau

| | |
|---|---|
| *Annual Report, BFBS* | *Annual Report of the British and Foreign Bible Society* |
| *Byw. C.* | Y *Bywgraffiadur Cymreig Hyd 1940*, R. T. Jenkins, gol. (Llundain, 1950) |
| Caergrawnt, BFBS | Caergrawnt/Cambridge, British and Foreign Bible Society Library, University of Cambridge |
| *CLLGC* | *Cylchgrawn Llyfrgell Genedlaethol Cymru* |
| *CMA* | Calvinistic Methodist Archives |
| *CWM* | Council for World Mission |
| *Cymru a'r G. G.* | E. Lewis Evans, *Cymru a'r Gymdeithas Genhadol* (Llandysul, 1945) |
| Journal | Journal of the North China Branch of the Roayal Asiatic Society |
| *LLGC* | Llyfrgell Genedlaethol Cymru |
| *LMS* | London Missionary Society |
| *SOAS* | School of Oriental and African Studies |
| *THSC* | *Transactions of the Honourable Society of Cymmrodorion* |

Y BEIBL r ren

# YN IAITH Y BOBL

Cyfraniad Cymru i Waith

Cymdeithas y Beibl

Mewn Gwledydd Tramor, 1804-1904

## Noel Gibbard

CYHOEDDIADAU'R
GAIR

Golygydd Cyffredinol: Aled Davies
Cynllun y clawr a chysodi: Rhys Llwyd

Cyhoeddwyd gan:
**Cyhoeddiadau'r Gair**
Ael y Bryn, Chwilog,
Pwllheli, Gwynedd
LL53 6SH.
www.ysgolsul.com

# Cyflwyniad

Sail y gyfrol yw fy nhraethawd Ph.D., 'Cyfraniad Cymru i waith Cymdeithas y Beibl mewn gwledydd tramor, 1804-1904'. Y prif fwriad oedd pwysleisio cyfraniad gwerthfawr cyfieithwyr y Beibl, oherwydd esgeuluswyd hwy yn fawr.

Diolch i'r llyfrgelloedd canlynol am gael gweld y gwahanol gasgliadau, a'r staff am eu cymorth parod, Llyfrgell Genedlaethol Cymru, Aberystwyth; Cymdeithas y Beibl, Caergrawnt; Prifysgol Birmigham; Dr Williams; Guildhall, a'r School of Oriental and African Studies, Llundain.

Gwnaeth Lynne Davies ymateb i amryw ofynion wrth baratoi'r gwaith ar gyfer y Wasg, ac mae fy nyled iddi yn fawr iawn, a bu Esther Munday yn barod i gynorthwyo hefyd. A diolch i Wasg Cyhoeddiadau'r Gair am dderbyn y gwaith, ac am gefnogaeth parod Aled Davies a Rhys Llwyd.

Hyderaf y bydd y gyfrol yn gyfrwng i werthfawrogi gwaith y cyfieithwyr; i synnu at ddylanwad y Beibl mewn cymaint o wledydd, ac i adnewyddu hyder yng Ngair Duw.

Noel Gibbard, Caerdydd
Gorffennaf 2018

# GOLEUNI'R GAIR

Ym 1789, blwyddyn cwymp y Bastille, derbyniodd Richard Price wahoddiad i bregethu i'r 'Gymdeithas er Coffa am y Chwyldro ym Mhrydain Fawr'. Yn ei bregeth croesawodd y newidiadau oedd yn digwydd ar y pryd, a heriodd ormeswyr y dydd. Ni allent mwyach ddal y byd mewn tywyllwch. Rhifwyd eu dyddiau. Symud gormes, cydnabod hawliau dynolryw, diwygiad trwy gytundeb y bobl a'r llywodraethwyr, dyma rai o'r pethau hanfodol yn ôl yr athronyddd, er mwyn gorseddu rhinwedd, gwirionedd a rhyddid. Yn yr un flwyddyn, ac yntau'n brysur yn trefnu ysgolion, derbyniodd Thomas Charles o'r Bala wahoddiad oddi wrth yr Arglwyddes Huntingdon i bregethu yn Llundain. Ysgrifennodd yn ystod y 'confusion in France', ac oherwydd hynny roedd llawer o faterion yn hawlio sylw, ond roedd gwaith Duw yn mynd yn ei flaen. Yn ei bregeth pwysleisiodd Thomas Charles y dylid hybu heddwch er mwyn hyrwyddo lledaeniad yr Efengyl. Dylai pob llywodraeth weinyddu cyfiawnder a barn, 'Nid oes dim yn fwy amlwg na bod llywodraeth wladol o drefniad Duw'. Cytunai Richard Price a Thomas Charles y dylid rhoi ufudd-dod i'r rhai sydd mewn awdurdod, ond roedd Price yn rhoi'r hawl i'r bobl i ddiorseddu llywodraethwr anghyfiawn. Diwygio'r Senedd oedd y peth mawr i'r athronydd, ond i'r Methodist efengylaidd roedd angen i ddeffro'r Eglwys i'w chyfrioldeb cenhadol. Mae'n bosibl defnyddio'r hyn a ddywedodd R. T. Jenkins am yr 'olwyn' a'r 'brêc'. Gŵr yr olwyn oedd Richard Price, ond gŵr y brêc oedd Thomas Charles. Roedd y ddau eisiau newid, ond nid yn yr un ffordd. Gofidiai'r ddau oherwydd anwybodaeth y bobl yn gyffredinol, a'r ffordd ymlaen i Richard Price oedd, 'Inform and instruct'. Tra'r hyn a bwysai ar

Thomas Charles oedd cyflwr colledig pechaduriaid. Iddo ef, cenhadaeth a rhoi'r Beibl i'r bobl, 'Those noble institutions, the Missionary, the Sunday School, together with the Bible Society, added now to the other two, complete the means for the dispersion of divine knowledge far and wide'. Medrai Thomas Charles weld gyda Phantycelyn, 'dros y bryniau tywyll niwlog'. Sefydlwyd cymdeithasau cenhadol, y Bedyddwyr ym 1792 [BMS]: Annibynwyr/Presbyteriaid ym 1795 [[LMS]: Wesleaid 1802 [WMS]; y 'Religious Tract Society' [RTS], ym 1799, a'r 'British and Foreign Society' ym 1804 [BFBS]. Roedd diwedd y ddeunawfed ganrif yn gyfnod prysur iawn hefyd i gyhoeddi Beiblau, megis Beibl Peter Willams (1770); Ostervald (1789); John Brown (1792), a John Canne (1796).

## Y Beibl

Ond Cymdeithas y Beibl a gafodd y dylanwad trymaf ar bobl Cymru. Cymdeithas oedd yn garedig i Gymru oedd y 'Society for the Promotion of Christian Knowledge' [SPCK]. Un o feiblau'r Gymdeithas a gafodd Mari Jones gan Thomas Charles pan gyrhaeddodd y Bala ar ddiwedd ei thaith o Abergynolwyn. Un o lawer edd hi oedd yn awyddus a phenderfynol i gael Beibl Cymraeg. Sylweddolodd Thomas Charles na fedrai'r Gymdeithas honno gwrdd â'r angen dybryd am feiblau. Roedd ganddo ffrindiau o gyffelyb feddwl yn Llundain, oedd yn awyddus i gael cyflenwad o feiblau i'r anghenus, yn cynnwys Joseph Tarn, diacon yng nghapel Spa-fields; aelod o'r 'Religious Tract Society', a'r LMS, a Joseph Hughes, gweinidog y Bedyddwyr ym Mattersea. Cyfarfyddent hwy, ac eraill, i drafod y ffordd orau i sylweddoli eu breuddwyd. Aeth Thomas Charles i Lundain ym 1802, a chael cyfle i fod yn bresennol mewn sawl cyfarfod er mwyn trafod y posibiliadau gyda'i gyd-gynllunwyr.

Dychwelodd y Cymro i'r Bala, ac aeth y trafodaethau yn Llundain yn eu blaen. Y ffrwyth oedd sefydlu y 'British and Foreign Bible Society',

7 Mawrth 1804. Ar yr un diwrnod danfonodd JosephTarn adroddiad at Thomas Charles; atebodd yntau i fynegi ei lawenydd. Granville Sharp oedd y cadeirydd, ac eraill o'r arweinwyr yn cynnwys, Joseph Tarn; Joseph Hughes; John Owen, gweinidog yn Eglwys Loegr, Fulham, Llundain; C. Steinkopff, Gweinidog Eglwys Lutheraidd yr Almaen yn Llundain, a'r Arglwydd Teignmouth, a arolygodd y gwaith am 30 o flynyddoedd, Henry Thorton ac William Willberforce, fel Granville Sharp yn aelodau seneddol. Yn ôl sefydlwyr y gymdeithas, roedd yn angenrhaid danfon y Beibl i bob gwlad posibl, oherwydd dyma oedd yn diogelu datguddiad Duw i'r byd, ac yn arbennig ffordd iachawdriaeth. Rhaid i'r bobl gael gwybodaeth o'r gair ysgrifenedig, a chlywed pregethu yn eu hiaith eu hunain.

Mynegodd Thomas Charles ei obeithion am y dyfodol:

> Amidst all the shaking of the nations, I trust that 'the desire of all nations' is preparing a way for his coming among them in all the glories of his grace and mercy. Let his name alone be exalted. It will be so. I one day dined aboard the Duff [Ar y llong hon yr hwyliodd cenhadon yr LMS], and much pleased I was with the thought, that amidst all the hundreds of vessels I saw in the river, trading to different parts of the globe, carrying the perishing things of this world from one nation to another there was one trading for heaven, engaged in conveying the everlasting gospel to benighted heathens perishing for lack of knowledge.

Roedd y teimlad dwys o golledigaeth dragwyddol pobl yn sbardun i gyhoeddi gobaith i bedwar ban byd.

Yr un oedd gobeithion arweinwyr eraill, Morgan John Rhys, y Bedyddiwr, a Morgan Jones, Tre-lech, Annibynnwr, yn gweld dyfodiad brenhiniaeth y 'garreg fach' yn unol â phroffwydoliaeth llyfr Daniel. Nid oedd amheuaeth fod y 'wawr ar dorri'; y 'fflam yn troi'n dân', a'r 'haul yn codi'.

Roedd sail y gobaith yn y Beibl. Dyma oedd yn rhoi awdurdod i'r cenhadon a'r cyfieithwyr, a dyma lle'r oedd cynnwys y neges yn cael ei egluro. Dyfrhawyd y gobaith gan y Diwygiad Efengylaidd ac o dan ddylanwad unigolion arbennig. O sylwi ar weithiau'r cyfnod, mae'n amlwg bod Thomas Charles; George Lewis, Llanuwchllyn, a David Peter, Caerfyrddin, yn gyfarwydd â gweithiau Isaac Newton. Ymhlith yr awduron a enwir, daw Joseph Mede, Vitringa, Moses Lowman i'r amlwg yn aml. Dylanwadodd Lowman ar Bantycelyn a Jonathan Edwards, America. Cyfeiria Thomas Charles at Lowman a Jonathan Edwards. Un arall a'r un diddordeb oedd Andrew Fuller, a gwnaeth J. P. Davies, y Bedyddiwr, gyfieithu ei waith ar y *Datguddiad*. Cydiodd y weledigaeth optimistaidd yn yr enwadau i gyd.

Gellir manylu ar ddau beth yn y traddodiad hwn a ddylanwadodd ar awduron y cyfnod. Ceir pwyslais apocalyptaidd, a phwyslais gwrth-Babyddol. Yn ôl y darlun apocalyptaidd, nid Oes Rhyddid oedd ar fin gwawrio, ond Oes Aur y mil blynyddoedd. Yn wir, roedd yr Anghrist eisoes yn gwelwi a muriau Babylon yn siglo. Gŵr arall oedd yn hyddysg yn y traddodiad esboniadol hwn oedd David Bogue, athro Coleg Gosport; trwythwyd ei fyfyrwyr yn y syniadau eschatelegol hyn, ac roedd rhai myfyrwyr o Gymru yn y coleg. Ond pa bryd oedd y pethau mawr hyn i ddigwydd? Gall yr atebion fod yn gymhleth iawn, ond mae'r prif bwyntiau yn glir. Trafodwyd y materion mewn llyfrau a chylchgronau, yn cynnwys y *Christian Observer*, a olygwyd gan Josiah Pratt, un o weithwyr y Feibl Gymdeithas. Cyfeiria Rosman at y cylchgrawn, a dweud, 'Other periodicals likewise engaged in apocalyptic arithmetic seeing in the events of the day the long-expected fulfilment of biblical predictions concerning the final establishment of the kingdom'.

Mae'n bosibl gweld patrwm ynghanol yr holl fanylion. Cyfeiria'r awduron at sawl nos a fu'n bwrw eu cysgodion dros y byd, nos baganaidd;

nos Iddewig; nos Babyddol, a nos Fahometamaidd. Gwelodd David Peter a Thomas Jones nos arall, 'nos Atheistiaeth', fel yn Ffrainc. Ceisiwyd penderfynu blwyddyn yr ailddyfodiad. Sonia Daniel (12:14, 13:5), am 1260 o flynyddoedd, ac os yw'r cyfnod i gychwyn yn amser Boniffas (606, OC), ceir y flwyddyn 1866, ond gan fod Daniel yn sôn am 75 o flynyddau hefyd, mae'n debyg mai 1941 fyddai dechrau'r mil blynyddoedd. Rhif sumbolaidd oedd y mil yn dynodi cyfnod o fendith anarferol cyn ailddyfodiad yr Arglwydd Iesu Grist. Cafwyd peth amrywiaeth ynglŷn â'r dyddiadau. Ar ddiwedd y cyfnod ymddangosai Crist yn farnwr y byw a'r meirw, a dwyn i mewn nefoedd a daear newydd.

Ni chollodd yr awduron unrhyw gyfle i ymosod ar Babyddiaeth. Dyma thema glir mewn llawer o lyfrau'r cyfnod. Un o'r dylanwadau ar Thomas Charles a George Lewis oedd yr Esgob Newton, a dywedir am ei lyfr, *Dissertations on the Prophecies*, 'it is notable for Newton's bitter opposition to the Roman Catholic Church'. I David Peter, Atheistiaeth oedd yr Anghrist, ond cyfeiria at Datguddiad 19:19, fel sail dros ddweud y byddai'r Anghrist mewn cynghrair ag Eglwys Rufain yn y dyddiau diwethaf. George Lewis yn gwneud yr un pwynt trwy gyfeirio at y ddau fwystfil, y naill yn rym seciwlar, a'r llall yn cynrychioli 'Rhufain Babaidd'. Os oedd grym bydol yn codi ei ben yn Ffrainc, gallai Duw ei ddefnyddio i dorri grym y Butain, sef Eglwys Rufain. Roedd George Lewis ar gefn ei geffyl yn sôn am y 'dyn pechod' (2Thes 2: 3:4). Yn ôl George Lewis, gwelir yn yr adnodau ddirywiad Eglwys Rufain, yn llygru athrawiaeth; yn dinystrio purdeb, ac yn rhagori mewn anfoesoldeb.

Cytunai Thomas Charles â'r farn honno, er nid oedd mor unllygeidiog a'r lleill. Dywed am Datguddiad 12:6, 'This contains an awful hint, yt by ye above time ye Dragon will get into those which are now called Protestant churches'. Ond arswydai wrth feddwl am natur Eglwys Rufain, ac roedd David Peter yn sicr y byddai cwymp yr Eglwys, yn 'orfoledd i'r holl saint'.

Nid hobi fach bleserus oedd yr astudio hwn, ond ymateb dirfodol i'r hyn oedd Duw yn ei gyflawni. Nid edrych o bellter ar y digwyddiadau roedd arweinwyr y mudiad cenhadol a mudiad y Beibl. Dyma lle roeddynt ar lwyfan hanes yn cael rhan yn y golygfeydd olaf o'r ddrama achubol. Roedd John Clayton siŵr o fod yn dal ei anadl wrth fyfyrio ar y cyfnod, 'It is a comfort to me and my wife that we are training children who will bring in the Millennium', ac ni synnai David Bogue, Gosport, a Williams, Panrycelyn, pe byddai'r mil flynyddoedd yn dechrau yng Nghymru. Roedd cloc amser yn cerdded yn gyflym, a rhaid cyflwyno'r efengyl a rhoi gair Duw yn nwylo'r bobl. Proffwydwyd am y digwyddiadau yn Ffrainc, gan Brightman, Mede, Vitringa, Lowman, Esgob Newton, Daubutz ac eraill, ond yn awr roeddynt yn cael eu gwireddu. Siaradai Andrew Fuller drosto ei hun, ac eraill, pan ddywedodd, 'I know of no event that seems to correspond so well with the prophecy as the late revolution in France. Thus it has been understood by some of the ablest expositors, and that for ages prior to the event'. Arawain at y diwedd oedd hyn, a chan fod 1866 yn ddyddiad posibl, roedd yr amser yn brin. Un agwedd bwysig ar y paratoi oedd gwrthweithio dylanwad Rhufain trwy roi'r Beibl i'r bobl, pregethu ei neges, ac felly eu dwyn o afael tywyllwch ac anwybodaeth.

Y Beibl, felly, oedd y llawlyfr. Dyma lle'r oedd y wybodaeth achubol am Dduw, a rhaid i'r bobl ei gael yn eu hiaith eu hunain. Dyma lle'r oedd datguddiad Duw, ac nid athroniaeth dyn. Y Beibl oedd yn goleuo hanes, yn egluro sut roedd Duw yn cyflawni ei fwriadau ar gyfer y byd. Duw ei hun oedd i weithredu yn y diwedd gogoneddus ac arswydys hwnnw. Ni fedrai dyn syrthiedig ddwyn i mewn y deyrnas, gan ei fod yn perthyn i fyd natur, ond o'i ddwyn i mewn i fyd gras mae'n bosibl iddo gydweithio gyda Duw, yr un sy'n Arglwydd y ddau gylch. Mae gras yn llywodrethu natur. Y Beibl oedd sail eschatoleg; dychweliad yr ysbryd at Dduw; atgyfodiad y corff, uffern, y nefoedd newydd a'r ddaear newydd. A'r Beibl hefyd oedd cynhaliaeth y gweithwyr Cristnogol. Nid oedd yn bosibl roi Beibl i bawb o bobl y byd, heb i'r llyfr fod yn nerth i gyflawni'r dasg.

## Cymdeithasau

Ffurfiwyd cymdeithasau i hyrwyddo'r gwaith, ond sylweddolwyd hefyd bod angen cynhaliaeth ariannol. Pan apeliodd Thomas Charles am gefnogaeth, creodd gydymdeimlad y Cymry â'r anghenus mewn sawl gwlad. Rhydd Thomas Charles gip ar ei waith cynnar yn Nghymru:

> When I informed them of the countless millions in the world, of guilty and miserable sinners like themselves, who had no Bibles, were without Christ, and without God in the world, but were worshipping stones, logs of wood, beasts &c. and plunging themselves into rivers to cleanse themselves from their sins, totally ignorant of the fountain opened for sins and uncleanness, I saw hundreds bathed in tears, and overwhelmed with sorrow and compassion.

A beth oedd yr ymateb i hyn? Mamau yn dod â'u babanod i'r cyfarfodydd, fel y byddai iddynt hwythau ran i'w roi i waith Cymdeithas y Beibl; tad yn dod â'i ddeg plentyn a phob un ohonynt yn cyfrannu; morwyn fferm yn rhoi £1-1-0, allan o gyflog o £3-3-0, ac un bachgen ifanc yn gwerthu ei gywion a rhoi'r elw i Gymdeithas y Beibl.

Llwyddodd Thomas Charles y tu hwnt i bob disgwyl. Roedd yn naturiol i'r Methodistiaid gefnogi, a chael, er enghraifft, y swm anrhydeddus o £46 o Lanidloes. Ond enwir hefyd bron bob gweinidog Annibynnol yn y Gogledd yn rhestr y tanysgrifwyr, 1804-5, saith yn cyfrannu'n bersonol a chyfraniadau o chwech o gynulleidfaoedd. Mae'n wir i'r gwres oeri ychydig, ond roedd Thomas Charles yn brysur gyda'r Beibl Cymraeg; yn amddiffyn y Feibl Gymdeithas, ac ni chafodd y gefnogaeth ddisgwyliedig oddi wrth y clerigwyr. Erbyn 1810, roedd sŵn mentro unwaith eto, 'There is more stir than heretofore in different parts of the country abt forming

Auxiliary Societies'. Ffurfio canghennau cynorthwyol oedd yr ateb i gynnal y gwaith.

Cyfeiria golygydd y *Trysorfa* at sefydlu cangen yn Llangollen, 7 Ionawr 1811, ffrwyth ei ymweliad â'r lle tua'r Nadolig 1810, ac ar sail hynny dywed D. E. Jenkins, 'leading all Wales in this matter'. Yn ôl y wybodaeth sydd ar gael, y ddwy gymdeithas gyntaf yng Nghymru, oedd Abertawe, a sefydlwyd 27 Ebrill 1810, a Chastell-nedd, 24 Medi 1810. Erbyn 1812, ffurfiwyd saith o ganghennau sirol, a'r mwyafrif ohonynt â changhennau lleol. Ffurfiwyd pedair arall yn fuan wedyn, ond ni sefydlwyd un yn sir Faesyfed hyd 1823. Sefydlwyd cangen yng Nghaerfyrddyn ym 1812, a dengys yr adroddiad am y flwyddyn gyntaf i'r dref ymateb yn dda:

| | |
|---|---|
| Donations and Subscriptions | £314-1-6 |
| Collections, Churches, Chapels | 153-10-2 |
| Sundry Charges | 45-3-10 |
| Remitted to Parent Society | 250-0-0 |
| In Treasurer's Hand | £130-0-0 |

Roedd y gangen hon, fel y cenghennau eraill yn gyd-enwadol, er bod teimlad yn y dref bod yr Eglwyswyr yn cael gormod o ddylanwad. Gwelir yr un patrwm yn gyffredinol hefyd, cyfarfod blynyddol; adroddiad am y casglu; anerchiadau neu bregeth. Mewn sawl man ffurfiwyd cymdeithas y merched, a hwythau yn cynnal eu cyfarfodydd eu hunain.

Cafwyd ymateb parod felly i anghenion Cymdeithas y Beibl. Trwy sefydlu'r Gymdeithas a'r canghennau, roedd yn bosibl danfon Beiblau i wledydd tramor. Cyn y gellid gwneud hynny roedd yn rhaid cyfieithu'r Ysgythyrau. Dylid eu cyfieithu o'r ieithoedd gwreiddiol. Ni ddylid disgwyl yn awr am y doniau arbennig; dysgu'r ieithoedd brodorol oedd yr unig ffordd effeithiol. Mynegodd David Bogue y farn hon yn ei bregeth ar Haggai 1:2, a'i gyfrol, *Sermons*. Henry Venn yn ei bregeth ar 1 Corinthiaid

14, lle y sonia am ddoniau arferol ac anarferol yr Ysbryd Glân; anarferol yn Actau 2, ond ar ôl dyddiau'r apostolion rhaid meddwl yn nhermau 'linguistic proficiency'. Sôn am ddoniau arferol ac anarferol a wna George Lewis hefyd, ond yr oedd Thomas Charles yn fwy gochelgar, a dweud am y doniau y gall Duw eu tynnu yn ôl, a'i rhoi yn ei amser ef ei hun.

## Hynt Y Celtiaid

Agwedd ar ehangu gorwelion oedd y diddordeb mewn iaith a chyfieithu. Dyna a wnaeth Isaac Newton ym myd gwyddoniaeth, a James Cook wrth ddarganfod bydoedd newydd. Yn y trafod ar iaith a chenedl, holwyd o ba le y daeth y Celtiaid, a phryd y ffurfiwyd eu hiaith? Gwnaeth amryw o awduron ymgodymu â'r cwesiwn. John Hughes, Aberhonddu, yn sôn am bregeth a glywodd ar y testun, 'Ethiopia shall soon stretch out her hands unto God'. Creodd y neges dri ymateb yn y gwrandawr. Yn gyntaf, ymateb personol, oherwydd ei fod ef ei hun yn gorfod wynebu ei angen ysbrydol. Aeth drwy fwlch yr argyhoeddiad i ffydd yn Iesu Grist. Yn ail, ymateb cenhadol, oherwydd bod eisiau dynion i fynd â'r efengyl i bob creadur, yn cynnwys yr Ethiop. A rhaid ystyried hefyd y ffordd orau i wneud hynny. 'Moddion' oedd un o eiriau pwysig y cyfnod. Fel ei gyfaill, Thomas Price (Carnhuanawc), bu bron i John Hughes fynd yn genhadwr i wlad dramor. Ac yn olaf, deffrowyd diddordeb hynafiaethol yn y gwrandawr. Pwy oedd yr Ethiopiaid? Beth oedd nodweddion eu hiaith? Nid John Hughes yn unig a fu wrthi yn trafod y mater. Yn ddidrafferth ddigon, gwnaeth amryw o awduron olrhain twf iaith o Eden i lawr i'w dyddiau hwythau. Eithaf posibl yn ôl Joseph Harries (Gomer), mai'r Gymraeg oedd iaith Adda ac Efa. Yn sicr, roedd ganddi gystal hawl ag unrhyw iaith arall, a beth bynnag nid y Saesneg oedd hi, 'gwyddys o ba le y tarddodd honno'. Gwell gan Thomas Charles oedd dilyn Charles Edwards, ac eraill, a derbyn yr Hebraeg fel iaith gyntaf yr hil ddynol, ac mai hi oedd mam y Gymraeg. Ym

Mabel y cymsygwyd yr ieithoedd, ond gall y Cymry ddilyn eu llinach yn ddi-dor yn ôl at Gomer fab Japheth. Y prif ddylanwad, yn uniongyrchol neu yn anuniongyrchol, oedd yr Abad Pezron trwy Theophilus Evans a Charles Edwards. Ceisiodd Pezron feddwl am holl hanes y byd yng ngoleuni'r Ysgrythur, a chafodd groeso brwd a gwrthwynebiad ffyrnig. Cyfeillion oedd ganddo yng Nghymru, a'i waith ef oedd 'Beibl y Celtiaid' yn y ddeunawfed ganrif. Cofleidiodd yr haneswyr y syniadau, awduron megis David Peter; Joshua Thomas; Thomas Charles, a Titus Lewis. Gwnaeth y cylchgronau, megis *Seren Gomer*, a *GoleuadGwynedd/Cymru* drafod materion ieithyddol. Canwyd clodydd Pezron gan Gymry Llundain, William Owen Pughe, Thomas Roberts, Llwynrhudol, ac Edward Charles.

Pleidwyr y traddodiad Monogennaidd ('Monogenist'), oedd Thomas Charls a llawer o'i gyd-Gymry, ac arbenigwyr iaith Cymdeithas y Feibl, fel yr Athro Lee, yr Athro Kieffer, Wiliam Greenfield, a hefyd gŵr dylanwadol fel James Cowles Prichard. Credent mai rhodd Duw fel Crëwr yw iaith. Roedd syniadau eraill hefyd, yr un confensiynol, mai creadigaeth dyn rhesymegol yw hi; yr ysgol synwyriadol yn hawlio mai adwaith iasau naturiol sy'n gyfrifol heb gysylltiad â rheswm, a'r pwyslais polygennaidd yn gweld amrywiaeth yn nhwf iaith, ond i'r dyn gwyn ddatblygu i fod yn well na dynion o liwiau eraill. Nid oedd rhaid trafferthu gyda phobl felly; nid oedd eisiau pregethu'r efengyl iddynt. Parhawyd y traddodiad Monogennaidd gan esboniwr fel R. Humphries yn ei esboniad ar lyfr *Genesis*, a medrai ef ddyfynnu Friedrich Pfaff, J. C. F. Keil, a hyd yn oed Max Müller i gadarnhau'r ddysgeidiaeth.

Trafodai aelodau y Cymdeithasau Cymreig faterion ieithyddol a chenhadol. Esgeuluswyd eu cyfraniad i'r gweithgarwch cenhadol, y dosbarthu a chyfieithu'r Beibl. Roedd yn gyfle i Eglwyswyr ac Anghydffurfwyr ddod at ei gilydd. Gwnaeth rai or-bwysleisio cyfraniad yr Anglicaniaid, ar draul yr Anghydffufwyr, er enghraifft, R. T. Jenkins a Helen Ramage. Ymatebodd R. Tudur Jones i'w barn, a phrofi mai nid estron oedd diwylliant yr Anghydffurfwyr. Ac yr oedd yn llygaid ei le. Enghraifft dda yw gweithgarwch Evan Jones (Gwrwst). Bu'n aelod o Gymdeithas Gymraeg Eifionydd, a Dolgellau, cyn symud i'r De, a chafodd groeso brwd yng Ngwent gan John Davies (Brychan), a John Hughes yn Aberhonddu. Gellid ychwanegu'r Annibynwyr, David Peter, a D. L. Jones, Caerfyrddin; y Bedyddwyr, David Saunders, Merthyr, a John Jenkins, Hengoed, a'r Methodist, John Parry, Caer.

Roedd amryw o aelodau'r cymdeithasau yn ysgolheigion, personau fel Carnhuanawc ac William Owen Pughe, a hwythau wrth eu bodd yn trafod hen lawysgrifau, ac olrhain hanes gwahanol genhedloedd, yn arbennig y Celtiaid. Gwnaethpwyd hyn yng Nghymru a Llundain. Gwyddai Annibynwyr y Gogledd am ddiddordeb Cymreigyddion Llundain mewn cenhadaeth dramor. Awdurdodwyd George Lewis, Llanuwchllyn, i ddanfon gair atynt er mwyn cael mwy o wybodaeth ar y mater. Mae'n amlwg yn ateb Thomas Roberts, Llwynrhudol, bod y Cymreigyddion yn argyhoeddedig y dylid danfon yr efengyl i blith yr Indiaid Cymraeg, a chynorthwyo'r Llydawyr. Pan aeth William Davies, y Wesle, i Serra Leone, Affrica, mynd a wnaeth i 'Gristianoli a moesoli tylwyth Ham'. Dywedodd hyn mewn llythyr at y Cymdeithasau Cymraeg yng Nghymru, a'r ôl cyrraedd gwlad 'disgynyddion Ham'. Ac yn Madagascar roedd David Jones a David Griffiths yn trafod tarddiad iaith, a disgynyddion Ham, tra roedd John Davies, Tahiti, yn awyddus i gael gafael ar gopi o'r llyfr, *The Origin of Languages.*

Cafodd Llydaw a Ffrainc, fel Madagascar a Thahiti sylw gan y Feibl Gymdeithas ac yn arbennig felly gan y Cymry, a hynny mewn sawl ffordd. Yn ystod y rhyfel rhwng Ffrainc a Phrydain (1803-15), dioddefodd y Protestaniaid yn ddirfawr, a danfonodd y gymdeithas gyflenwad o Ysgrythyrau iddynt, yn arbennig yn ystod y cyfnod o 1808 hyd 1815.

Cafodd gefnogaeth barod David Bogue, Gosport, a dau o'i gyn-fyfyrwyr, Clement Perrot yn Guernsey, a Francis Perrot yn Jersey. Yng Ngymru cyffrodd Thomas Charles y bobl i gasglu, 'towards alleviating the distress of his countrymen prisoners of war in France'.

Gwnaeth nifer o unigolion ddyfalbarhau i ddadlau achos Llydaw. John Parry'r Methodist yn tynnu syw at Lydaw yn *Goleuad Gwynedd* a *Goleuad Cymru*. Bu Thomas Roberts, Llwynrhudol, yn siarad â Llydawr yn yr harbwr yn Llundain, a syndod iddo oedd y tebygrwydd rhwng y Gymraeg a'r Llydaweg. Teimlodd rheidrwydd i fynd i Lydaw, ac yno gwelodd eto mor debyg oedd y ddwy iaith. Gofid iddo oedd clywed y geiriau Saesneg a ddefnyddiwyd, 'fel Saeson Penardd Lâg [Hawarden] pryd y byddynt yn brygadlian Cymraeg a Saesneg'. Sylweddolodd yn ardal Dinan eu bod yn colli'r Llydaweg, 'fel y collodd y Cymry y Gymraeg yn swydd Gwent'.

Dau Gymro a agorodd y drws led-y-pen er mwyn i bobl Llydaw gael Testament Newydd yn eu hiaith ei hunain. Un ohonynt oedd David Jones, gweinidog yr Arglwyddes Huntingdon yn Abertawe, a mab yr esboniwr, Thomas Jones, Caerfyrddin. Y llall oedd Thomas Price (Carnhuanawc), y cyfeiriwyd ato eisoes. Bu David Jones ormod yng nghysgod Carnhuanawc, ond nid oes amheuaeth o gwbl mai'r gweinidog o Abertawe a wthiodd y drws yn agored. Gwnaeth lawer o waith mewn amser byr, a hynny heb fod yn rhy dda ei iechyd. Ni wnaeth sawl awdur gyfeirio ato o gwbl, er bod y wybodaeth amdano ar gael. Cyfeiria Thomas Platt at ohebiaeth rhwng David Jones a'r Feibl Gymdeithas cyn iddo fynd i Lydaw, ond nid yw'r manylion yn glir iawn. Mynd yno oherwydd afiechyd a wnaeth ar ei daith gyntaf yn ystod gaeaf 1823-4. Fel gŵr oedd yn ymddiddori mewn hynafiaethau, ac aelod o Gymreigyddion Abertawe, chwiliodd am ddogfennau o bwys yn Llydaw. Yn ystod y daith hon daeth i gysylltiad â Le Gonidec oedd yn barod i gyfieithu'r Testament Newydd i'r Llydaweg. Danfonodd David Jones beth o waith y Llydawr at Gymdeithas y Beibl yn Llundain, ond araf oedd yr ymateb. Dychwelodd y Cymro i Abertawe gan fwriadu mynd yn ôl eto i Lydaw. Un person a gefnogai'r posibilrwydd oedd ei gyfaill Richard Phillips, yntau'n aelod o Gymreigyddion y dref. Danfonodd lythyr at Gymdeithas y Beibl yn ei hannog i gefnogi dychweliad David Jones i Lydaw er mwyn parhau ei waith gyda Le Gonidec. Gwnaeth y Feibl Gymdeithas ymateb yn gadarnhaol. Aeth David Jones i Lydaw ar ei ail daith ddiwedd Hydref 1824, fel 'a private individual fond of Celtic literature'. Dyma oedd y ffordd i osgoi unrhyw drafferth gyda'r awdurdodau. Erbyn hyn, gwyddai David Jones yn iawn beth oedd yr angen yn Llydaw. Roedd tua hanner miliwn na fedrent siarad Ffrangeg, a chyflwr y tlawd yn resynus. Cwt bychan oedd cartref y dyn tlawd, ei deulu, yr ieir a'r mochyn. O gael cwt yn fwy roedd yn bosibl ei rannu'n ddau, un rhan i'r teulu, a'r llall i'r ieir a'r mochyn. Rhaid oedd i'r bobl gael gwybodaeth o'r efengyl. Cyfarfu David Jones â Le Gonidec i drafod y cyfieithu. Aeth yntau yn ei flaen gyda'r gwaith, ac yn ôl trefniant y Feibl Gymdeithas dangosai'r Llydawr ei waith i David Jones cyn ei ddanfon i Lundain. Gwaethygodd ei iechyd a dychwelodd i Gymru. Rhoddodd y Feibl Gymdeithas £100 iddo am ei lafur. Apwyntiwyd David Jones yn athro yn ngholeg Cheshunt, ond bu farw 1 Medi 1725.

Yr un a gymerodd ei le i hybu achos Llydaw oedd Carnhuanawc, gŵr oedd yn hyddysg yn hanes a llenyddiaeth y wlad. Yn ystod 1824 bu'n dadlau achos Llydaw yng nghyfarfodydd y Cymdeithasau Cymraeg ym Merthyr, 'yn ddwys a dysgedig', yn Aberhonddu, 'yn faith ac hyawdl'. Roedd yn fwy na pharod i hybu gwaith Le Gonidec. Ar ôl gorffen darn o gyfieithiad danfonai ef i Lundain i'w olygu gan Carnhuanawc. Aeth yntau â rhannau gydag ef i gyfarfodydd y Cymreigyddion ym Merthyr Tudful; cynnwys enghreifftiau o gyfieithiad yn y *Gwyliedydd*, a phan orffennwyd y Testament Newydd trefnodd i 50 o gopïau gael eu rhannu rhwng Cymdeithasau Cynorthwyol y Cymdeithas Beibl yn Aberhonddu, Caerdydd, Abertawe, a Chaerfyrddin.

Croesodd i Lydaw er mwyn bod gyda Le Gonidec, lle bu'r ddau yn trafod y *Myvyrian Archeology*; y Mabinogion; gwaith William Owen Pugh, a'r posibilrwydd o gael eisteddfod yn Llydaw. Erbyn hyn roedd y Llydawr yn gweithio ar yr Hen Destament, a'r Cymro yn golygu. Ar ôl i Carnhuanawc ddychwelyd o Lydaw danfonai Le Gonidec ei waith i'r athro Keiffer, cynrychiolydd y Feibl Gymdeithas yn Ffrainc, ac yntau'n ei ddanfon i Carnhuanawc. Ond gwrthododd y Feibl Gymdeitha a chyhoeddi'r gwaith. Fel Carnhuanawc, gwnaeth y Bedyddwyr hyrwyddo'r gwaith cenhadol trwy gyfrwng y Cymdeithasau Cymraeg.

Gwnaethant gais i fynd i Lydaw ym 1821, ond byr fu arhosiad William Rogers. Gwnaeth John Jenkins, gweinidog y Bedyddwyr yn Hengoed, hen sir Forgannwg, yn siŵr nad oedd achos Llydaw yn mynd yn anghof. Tynnodd sylw'r Bedyddwyr at angen Llydaw yng Nghwrdd Chwarter Llangynidr, 1824, ond daeth y ffrwyth ychydig flynyddoedd yn ddiweddarach. Roedd John Jenkins a'i fab o'r un enw, yn aelodau o Gymdeithas Gymraeg Caerdydd, hwythau a'r aelodau eraill yn eiddgar i hyrwyddo cenhadaeth yn Llydaw. Cytunodd y gymdeithas i ddanfon rywun yno, a'r un a wirfoddolodd oedd John Jenkins, y mab. Ffurfiwyd y Gymdeithas Gyfunderol ym 1831, ac o dan nawdd y gymdeithas honno yr aeth John Jenkins i Lydaw ym 1834 er mwyn dysgu'r iaith, a sefydlodd yno ym 1835. Roeddd llygad Cymru ar Dahiti, Madagascar, a Llydaw; a'i gorwelion yn helaethu'n ddirfawr.

# CYFIEITHU'R GAIR: LLE NAD OEDD IAITH YSGRIFENEDIG

Her i'r cyfieithwyr oedd cyfieithu pan nad oedd iaith ysgrifenedig ar gael. Roedd hyn yn wir am Fadagascar, a sawl gwlad arall.

## Madagascar

Bu Thomas Phillips, Neuadd-lwyd, David Peter, Caerfyrddin, a George Lewis, Llanuwchllyn, i raddau llai, yn ddylanwadau ar bedwar o'r pum cenhadwr cynnar a aeth i Fadagascar. Y pedwar oedd, Thomas Bevan, David Jones, David Griffiths a David Johns. Aeth y pedwar hefyd at David Bogue yn Gosport a bu dylanwad y cyfnod hwn yn arhosol arnynt. Y pumed oedd Thomas Rowlands. Mawr oedd brwdfrydedd y pump ohonynt, a chredai David Jones y medrai Madagascar fod yn ail Dahiti mewn ychydig o flynydddoedd. Ymaflodd ef ei hun yn y gwaith ar waethaf colli ei gyfaill, Thomas Bevan, ac agor ysgolion, dysgu'r iaith a chyfieithu. Dechreuodd ar y cyfieithu ym 1823, ac yn Ebrill y flwyddyn honno roedd David Jones yn ffyddiog y byddai'n cwblhau'r dasg ynghanol ei brysurdeb gyda'r ysgol a phregethu yn Saesneg, yn y Ffrangeg a'r Falagaseg. Prynwyd yr amser, a threfnu'r wythnos yn y fath fodd fel y byddai dau ddiwrnod cyfan, ac ambell awr arall, yn cael eu neilltuo i gyfieithu.

Ceisiodd John Jeffreys, un o'r cenhadon, dynnu'r gwynt o hwyliau'r gweithwyr. Gellir awgrymu sawl rheswm am y tyndra rhyngddynt, yn cynnwys personoliaethau gwahanol, cefndir a diwylliant. Medrai Jeffreys a David Griffiths fod yn anodd iawn, ac yr oedd gan y Sais ragfarn yn erbyn y Cymry. Llwyddodd, dros dro, i ennill ffafr y brenin trwy ei gamarwain ynglŷn â bwriadau'r cenhadon. Pan drefnwyd cyfarfod i drafod y materion perthnasol, siaradodd David Jones, 'As soon as Mr David Jones had thus spoken, Mr Jeffreys rose up and took his hat in such a rage and said as you are determined to follow your own plan, I shall go and tell or write to the King, that you are going to act contrary to his law'. Rhoi clust i Jeffreys a wnaeth y llywodraethwyr yn Llundain, ond ym mhen amser profwyd mai David Jones a'i gyfeillion oedd yn iawn.

Cofnododd David Jones a David Griffith ar 13 Mai 1824 fod y cyntaf yn gweithio ar y bennod gyntaf o Genesis, a'r olaf ar yr ugeinfed bennod o Exodus. Ar yr un pryd, roedd David Jones yn gweithio ar Efengyl Mathew a David Griffiths ar Efengyl Luc. Erbyn diwedd mis Mai gorffennwyd 24 o benodau Llyfr Genesis; 11 o Efengyl Mathew; 20 o lyfr Exodus, ac 11 o Efengyl Luc. Wedi bod wrthi am rai misoedd rhoddwyd adroddiad llawnach ar y gwaith ym Medi 1824:

> As to the translation of the Scriptures, I have translated the Book of Exodus and the gospels of Mark and Luke and also all the Psalms as far as the 50th Psalm and the first 3 Chapters of the Epistle of the Romans. A course of simple discourses on the ten Commandments and the birth and sufferings of Jesus Christ etc. and on judgement, and on the future state of the blessed and the wicked, and am forming a course of simple discourses on prayer. Mr Jones has finished translating the Book of Genesis and the Gospel by Matthew and is far advanced with the Gospel by John and the Acts and Samuel and has finished a course of discourses on the work of creation and is also forming discourses on the divine attributes.

Gwnaethpwyd y gwaith cychwynnol ar ddarnau eraill o'r Ysgrythur.

Mewn ychydig wythnosau gorffennodd David Griffiths y llythyr at y Rhufeiniaid, 1 a 2; Corinthiaid, a'r Salmau o 50 hyd 119; a David Jones wedi cyfieithu rhannau helaeth o 1 Samuel a Lefiticus; wedi gorffen Efengyl Ioan; bron a gorffen yr Actau ac yn gweithio ar ddau lyfr arall, Galatiaid a Philipiaid. Mewn tua dwy flynedd gorffennwyd y gwaith. Dim ond am bedair blynedd y bu David Jones yn y wlad cyn dechrau ar y fentr, a David Griffiths prin dair. Y ddau hyn a ysgwyddodd ben trymaf y gwaith, er bod David Johns a J. J. Freeman yn cynorthwyo. Gyda boddlonrwydd y cofnododd David Jones a David Griffiths ar 17 Mawrth 1825, 'The new Testament is translated and great many books in the Old Testament – and getting on with revising some books'. I'r ddau Gymro roedd gwaith a gorffwys wedi mynd yn un.

Ar ôl cyfieithu'r Testament Newydd rhaid oedd diwygio, a pharhau i gyfieithu'r Hen Destament. Yn sydyn chwythodd y gwyntoedd croesion, bu Charles Howendon, yr argraffydd, farw, a phrofodd David Jones, ei wraig, a rhai o'r cynorthwywyr gyfnod o dostrwydd. Ofnai'r cenhadon fod eu breuddwydion yn chwalu, a chymhlethwyd pethau gan brinder papur i argraffu. Disgwylient yn eiddgar am gyflenwad gan Gymdeithas y Beibl yn Llundain, ac o'r diwedd cyrhaeddodd. Cawsant lonydd i fynd ymlaen â'r diwygio, a chytunwyd i ddechrau'r gwaith terfynol ar 1 Ionawr 1828. Bwriad y gweithwyr oedd cysegru'r dydd cyntaf o'r flwyddyn trwy agor ffynnon fywiol yn y tir sych, a chafodd y bobl lymaid o'r dŵr hwnnw pan baratowyd y bennod gyntaf o Efengyl Luc ar gyfer y wasg.

Eglurodd y cenhadon eu dull o weithio. Byddent yn cyfarfod ddwywaith yr wythnos i baratoi gwaith i'r cysodwyr. Cyn cyfarfod neilltuwyd amser ganddynt yn unigol i fynd dros y rhan berthnasol yn ofalus iawn, a thrafod y cywiriadau ar ôl dod at ei gilydd. Cwnaethpwyd hynny'n fanwl iawn, brawddeg wrth frawddeg, neu adnod wrth adnond, a mynd trwy'r broses bedair gwaith. Cytunwyd yn unfrydol i David Griffiths fod yn oruchwyliwr y wasg, a chalondid pellach iddynt oedd dyfodiad Edward Baker, yr argraffydd. Gorffennwyd y cyfieithu i gyd, ar wahân i Leffticus, diwygiwyd rhannau, a danfonwyd copi o Efengyl Luc a darn cyntaf Efengyl Mathew i Gymdeithas y Beibl. David Jones a wnaeth hynny, a mynegodd bryder ynglŷn â'r sefyllfa boliticaidd ym Madagascar, oherwydd marwolaeth Radama. O ganlyniad cytunwyd i gyflymu'r gwaith trwy ddefnyddio dau fath o deip, ond roedd colli cysondeb yn well na cholli rhan o'r Ysgrythur. Os yn bosibl o gwbl carai David Jones gael 1,000 o gopïau o'r Hen Destament a 3,000 o'r Testament Newydd, ond dibynnai hynny ar y cymorth oddi wrth Gymdeithas y Beibl. Daeth hwnnw maes o law, a galluogi'r cenhadon i weithio ar yr Hen Destament yn gyfan, yn hytrach na chyhoeddi Genesis yn unig. Derbyniwyd papur a chymorth ariannol:

> In the conference it was shown that there are about four millions of persons speaking this language; that the Missionaries have acquired and reduced the language to a grammatical form, that a principal part of their employment, during the eleven years that the Mission has been carried on in the island of Madagascar, has been the translation of the Scriptures into the native language; and upon these grounds the Directors of the London Missionary Society requested a grant in aid of the heavy burden laid upon their own funds by the execution of this work. The sum of £1,000 was accordingly voted for this purpose.

Dyma rodd anrhydeddus, ac nid yn aml roedd Cymdeithas y Beibl yn rhoi y fath swm i gymdeithas genhadol.

Cyn i'r papur gyrraedd, diflannodd yr hyn oedd ar gael yn yr argraffdy. Bu rhywun mor feiddgar a dwyn y cyflenwad a'i werthu yn y farchnad. Daethpwyd o hyd i beth ohono ar un o'r stondinau, a thalodd y cenhadon amdano cyn ei ad-feddiannu. Yn ôl y cyflenwad oedd ar gael gweithiai'r dynion yn ddiwyd o fore tan hwyr. Diwygiwyd a chyhoeddwyd Efengyl Luc

(100 copi), a phenderfynwyd paratoi Efengylau Mathew, Marc a Ioan i'r wasg. Mae un cyfeiriad yn arbennig a ddengys benderfyniad y gweithwyr i fynd â'r maen i'r wal. Yn y cyfarfod 29 Medi 1827, yng nghartref David Jones, cadeiriwyd gan David Griffiths, a David Johns a J. J. Freeman, gydag ef yn yr un ystafell. Roedd David Jones yn wael yn ei wely yn y stafell drws nesaf, ac os oedd mater o bwys i'w benderfynu byddai'r tri yn ymgynghori ag ef. Un o'r materion a drafodwyd oedd paratoi Efengyl Ioan ar gyfer y wasg. Dymuniad y pwyllgor oedd cael gwisg anrhydeddus iddi, ond sylweddolwyd bod lledr yn rhy ddrud, a rhaid oedd bodloni ar ddail a lliain Kofia. Roedd 600 copi wedi eu gwnïo eisioes a brysiwyd i orffen y gwaith ar yr efengylau. Llethwyd David Jones gan wendid a chyda gofid calon y rhoddodd y gorau i ddiwygio Genesis. Bu oedi pellach pan gollwyd y pymtheg pennod gyntaf o'r llyfr. Oherwydd afiechyd gorfodwyd David Jones i ddychwelyd i Lundain.

Eto i gyd, gorffennwyd y Testament Newydd yn gynnar ym 1830. Llwyddwyd i orffen y diwygio cyn y 3ydd o Chwefror, a daeth y Testament Newydd a rhai llyfrau o'r Hen Destament o'r wasg ym mis Mawrth. Sicrhawyd un copi ym mis Chwefror ac aeth David Griffiths a David Jones ati'n syth i'w gywiro. Am gyfnod treuliai Griffiths a David Johns bedwar diwrnod yr wythnos gyda'r gwaith. Danfonwyd copïau i Gymdeithas y Beibl a'r Gymdeithas Genhadol. Dyma gyflwyniad Baker wrth eu danfon ar ran y cenhadon:

It is with more than ordinary pleasure that I address to you a few lines on this present occasion, as an accompaniment to the Copies of the New Test. – herewith sent. It is a principle of our nature to attach an augmented value to those works, the accomplishment of which has involved the most abundant labour, anxiety & apprehension. And with us, that principle is called into full exercise on the present occasion, when we call to mind, that the first

Testament in this language has been printed in a period, perhaps the most eventful in the history of this Island, - and certainly the most threatening in its aspect upon our Missionary prospects here.

Ar waethaf bygwth y llywodraeth, ni thorrodd y storm eto, ac aeth y gwaith yn ei flaen yn gyson. Eglurodd y cenhadon beth oedd dull a natur cywiro'r Testament Newydd. Cytunwyd i nodi camgymeriadau orgraffyddol, geiriau yn cyfleu ystyr anghywir, geiriau estron diangenrhaid a chymharu'r cyfieithiad â thestun Griesbach, gan ychwanegu, 'That all errors, even the most trifling, shall be entered in a book for the use of the Mission'.

Parhaodd Cymdeithas y Beibl i gynorthwyo, a mynegodd y pwyllgor lawenydd mawr pan dderbyniwyd adroddiad calonogol am 1832-33. Ar wahân i fygwth gan y llywodraeth cafodd y cenhadon drafferth gyda'r wasg a bu cryn densiwn personol ymhlith y gweithwyr, ac eto i gyd gorffennodd David Griffiths y Testament Newydd; cywirodd 1 Samuel hyd at yr ail bennod, ynghyd â'r Salmau, erbyn Hydref 1832. Rhoddwyd tudalen yr un i bob un o'r cenhadon, a thudalen i bob dau o oruchwylwyr yr ysgolion. Ar ôl gorffen y rhan hon o'r gwaith danfonwyd y cyfan i David Griffiths a Baker. Eu cyfrifoldeb hwy oedd mynd dros y cwbl yn fanwl, a golygau hyn weithio hyd tua dau neu dri o'r gloch y bore. Nid yw'n syndod i'r llafur hwn yng ngolau cannwyll wanhau llygaid David Griffiths. Danfonwyd adroddiad calonogol i Lundain:

Notwithstanding the difficulties we have had to encounter with our press in Madagascar, we printed an edition of 1500 of the Gospel of Luke in 1828, and in March 1830 completed an edition of 3000 of the whole of the New Testament; and during its progress through the press, we printed, separately, editions of Mark, 700 copies, of John, 1,000 copies, of Galatians, with the Decalogue, 1,000 copies; of Ephesians 1,000 copies; of Genesis and Exodus to the 20th chapter inclusive, 1,000. After this we printed the Old Testament, to the First Book of Samuel, 750 copies, and 50 copies extra for separate distribution; and the Book of Psalms was finished to the 115th Psalm, 3000 copies. We put in circulation the whole of the complete portions of Scripture above named, and about 2000 copies of the New Testament.

Ar wahân i'r Testament Newydd felly, roedd darn helaeth o'r Hen Destament wedi gweld golau dydd.

Gwaetha'r modd dwysáu a wnaeth yr anghydfod rhwng David Griffiths a'i gyd-genhadon, ac o ganlyniad ni fedrai ef barhau gyda'r diwygio a'r ychydig gyfieithu oedd heb ei orffen.  Gorfodwyd David Johns a J. J. Freeman i gario pen trymaf y baich, a gofid calon oedd hyn i Freeman ac amryw o'r brodorion.  Pan ddechreuodd yr erlid o ddifrif ar y 1af o Fawrth 1835, gorfodwyd David Griffiths a Freeman i adael yr ynys, ac ym mhen blwyddyn dilynwyd hwy gan David Johns a Baker, ond nid cyn gorffen y gwaith ar yr Hen Destament.  Gorffennwyd y Salmau, Diarhebion, a llyfr y Pregethwr, cyn mynd ymlaen wedyn at Jeremeia, dychwelyd i 1 Samuel, a adawyd ychydig ynghynt, a'r rhan olaf i'w gorffen oedd o Eseciel hyd Malachi. Ychydig iawn o waith oedd ar ôl heb ei orffen erbyn 1 Mawrth, a llwyddwyd i gael y copi cyntaf o'r wasg 21 Mehefin 1835.

Croesodd Freeman i Mauritius, ond cyn mynd awgrymodd, oherwydd yr erlid, y dylid gwneud gwaith ar y Beibl yn Llundain. Enwodd David Jones fel gŵr cymwys i fod yn gyfrifol am argraffiad o'r Testament Newydd ac argraffiad o 5,000 o'r Salmau.  Derbyniodd David Jones y cynnig ac ymaflodd yn y gwaith gyda'i frwdrydedd arferol. Mewn llythyr at ei chwaer yn Gosport cyfeiriodd at y rhaglen waith a drefnwyd, 10,000 o'r Testament Newydd, 5, 000 o'r trydydd argraffiad o'r Salmau, 5,000 o ail-argraffiad yr Hen Destament a 5,000 o'r ail-argraffiad o rannau o'r Hen destament.  Ymddiheuriodd i'w chwaer am lythyr mor fyr gan fod deugain tudalen o destun Malagaseg ganddo yn hawlio ei sylw ar fyrder. Gwnaeth y ddau ohonynt, Jones a Freeman, eu gorau glas i gael yr Ysgrythurau i Fadagascar. Cytunodd y pwyllgor yn Llundain i anfon 1,000 o Destamentau, 500 o Salmau a 500 o Genesis i Fauritius, er mwyn eu dosbarthu pan ddeuai'r cyfle. Pan aeth David Jones i Fadagascar ym 1838 gwnaeth yn sicr fod yr ychydig Ysgrythurau oedd ar gael yn cyrraedd y bobl. Ychydig oedd ar gael, ond roedd stoc yn Llundain a Mauritius, a diogelwyd papur Cymdeithas y Beibl ar yr ynys hefyd.

Fel David Jones a David Johns, cafodd David Griffiths gyfle i ymweld â Madagascar yn ystod yr erlid, ond yn wahanol i'r ddau gyntaf cafodd ef ddychwelyd i Gymru, i'r Gelli Gandryll. Ni phallodd ei ynni, ail-sefydlodd yr achos Annibynnol yno, cefnogi Cymdeithas y Beibl a'r Gymdeithas Genhadol, a chyflwyno achos Madagascar i'w gyd-Gymry. Tybiwyd bod arwydd o newid ar yr ynys, a chredai David Griffiths, Le Brun a J. J. Freeman y dylid cael cyflenwad o Feiblau yn barod, a chytunwyd i anfon 500 o'r Testament Newydd, 500 o'r Salmau, 500 o rannau o'r Hen Destament a 265 o'r Efengylau Luc ac Actau.

Credai'r ddwy gymdeithas y dylid cael argraffiad diwygiedig o'r Ysgrythurau Malagaseg, a dewiswyd David Griffiths a J. J. Freeman i arolygu'r gwaith, ond bu Freeman farw'n fuan ar ôl dechrau arno. Dyfalbarhaodd David Griffiths o dan arolygiaeth T. W. Meller, ac yn gynnar ym 1847 derbyniodd Griffiths beth o'r gwaith oddi wrth yr argraffwyr, a bodlonwyd ef yn fawr:

> They have succeeded well in composing a foreign language with so few mistakes. The small type looks beautiful. But what gives me the greatest pleasure is to see such a wonderful improvement in the version. I feel thankful to the Lord that our lives are spared to commence this important work – I was far from being satisfied with the old version. This seems to run more idiomatically and perspicuously.

Erbyn Ebrill 1850 gorffennwyd hanner y Testament Newydd, a gwnaeth David Griffiths gais am £25 fel cydnabyddiaeth am y gwaith hwn. Cyn diwedd y flwyddyn roedd mwy o waith yn barod a gorffennwyd y diwygio tua chanol 1852.

Dechreuwyd ar y dasg o baratoi'r Testament Newydd ar gyfer y wasg. Rhoddodd David Griffiths sylw i'r manylion i gyd, y nifer i'w cyhoeddi, maint y teip, a'r ymateb posibl yn Madagascar. Mor bell ag yr oedd y print yn y cwestiwn dylid cael un bras er mantais i'r rhai hŷn nad oeddent yn defnyddio sbectol. Er hynny y print llai a ddefnyddiwyd, un tebyg i Feibl Tahiti (1847), gyda chydsyniad Griffiths a Tidman. Paratowyd Efengyl Mathew i ddechrau, ond nid oedd copi Griffiths yn glir bob amser, a threfnodd Meller i gael copïwr am gyflog o bedair ceiniog y tudalen. Er mwyn hwyluso'r datblygiad symudodd David Griffiths i fyw i Woodbridge, cartref T. W. Meller. Argraffwyd hyd ddechrau y llythyr at y Rhufeiniaid a daeth y gwaith i ben cyn 24 Ionawr 1855. Rhoddwyd £200 i'r Gymdeithas Genhadol am gyfraniad David Griffiths, a sicrhawyd ei wasanaeth i'r dyfodol. Rhoddwyd pedwar copi o'r Testament Newydd i David Griffiths, ac yn optimistaidd iawn, copi yr un i ddau o dywysogion Madagascar a phedwar copi i esgob Mauritius.

Gobaith y ddau ddiwygiwr, Griffiths a Meller, oedd gorffen yr Hen Destament hefyd. Awgrymwyd ym 1854 y gellid gwneud hynny mewn dwy flynedd, ond ym 1855, tair blynedd eto oedd yr amcangyfrif. Cyfeiria David Griffiths at fanylder ac arafwch y dasg:

I spend three hours with him [Meller], at his own house every day for the examination of his criticisms. The proof sheets of eight pages take 5 or 6 days of 3 hours spent to examine together before they are ordered to be printed. Every verse, sentence, syllable, word and letter, with stops and accents are minutely examined by us separately at our own houses not less than eight times. And after each examination we meet for consultation at Mr Meller's from 11 to 2 to adopt, or reject what is mutually agreed upon.

Gweithiai David Griffiths am ddeuddeg i bymtheg awr y dydd, a bu'r straen yn ormod iddo. Bregus oedd iechyd Meller hefyd. Gan fod y ddau yn ymwybodol o ansicrwydd y dyfodol cytunwyd i ganolbwyntio ar y Salmau er mwyn cael y rhan werthfawr hon o'r Ysgrythur yn barod. Ar ôl gorffen y Salmau, y bwriad oedd troi at lyfrau Diarhebion, Pregethwr ac Eseia.

Mynegodd Cymdeithas y Beibl gydymdeimlad â Griffiths yn ei ddostrwydd, addawyd £150 am weddill y diwygio a nodwyd 1857 fel blwyddyn bosibl i orffen y gwaith. Er hynny, teimlo'n ansicr roedd David Griffiths ynglŷn â'i gyflog, a mynegodd ei bryder sawl gwaith yn ystod y cyfnod hwn. Dychwelodd i Gymru, i Fachynlleth, diwedd 1875, a'r flwyddyn ganlynol penderfynodd y pwyllgor ddirwyn y gwaith i ben, gan nad oedd gobaith o gwbl i argraffu'r Hen Destament a'i ddanfon i Madagascar. Roedd galwadau eraill hefyd ar y Gymdeithas, felly teimlai'r aelodau y gellid gwneud gwell defnydd o'r arian mewn gwledydd eraill. Bu David Griffiths farw ym 1863, a chofiodd Cymdeithas y Beibl am ei weddw trwy ddanfon rodd o £5 iddi. Cyn ei farw cafwyd barn G. Sauerewein ar waith y Cymro. Gofalus oedd yr asesiad, er bod awgrym beirniadol. 'I must sometimes differ even from him', ond ni cheir manylion o gwbl. Beth bynnag, ni ellir amau cyfraniad anhygoel David Jones a David Griffiths i roi Beibl i Fadagascar. Bu eu cyfraniad yn sail i bob argraffiad bron yn ystod yr ugeinfed ganrif.

## Tahiti

Ffrwyth y Diwygad Efengylaidd; ysgol Madam Bevan, a dylanwad personol Thomas Charles oedd John Davies, plwyf Llanfihanfel-yng-Ngwynfa, sir Drefaldwyn. Dyma a'i paratôdd i fod y genhadwr a gwnaethpwyd hynny'n bosibl trwy gyfeillgarwch Thomas Charles, Thomas Haweis, a Joseph Hardcastle. Pan ddeallodd Thomas Charles fod eisiau cenhadwr yn Nahiti, ni phetrusodd i gymeradwyo John Davies. Roedd yn barod i adael ym 1800. Cyn i'r llong adael, pregethodd David Bogue, Gosport, un o hyrwyddwyr y LMS. Un arall a gefnogodd y fentr oedd Samuel Greathead, ac ef a baratôdd y cyfarwyddiadau ar gyfer John Davies, a'r 11 arall yn y cwmni. Pwysleisiodd ddau beth yn arbennig, sef, yn gyntaf, y pwysigrwydd o gyfarwyddo â iaith y bobl, a hefyd gwneud yn siŵr bod y Beibl yn eu cyrraedd, oherwydd Gair Duw oedd cyfrwng arferol Duw i ddwyn iachawdwriaeth iddynt. Roedd John Davies yn barod iawn i ymateb yn gadarnhaol, a dyna oedd pwyslais Henry Nott hefyd a aeth allan i Dahiti ym 1796.

Gan eu bod yn ymwybodol o bwysigrwydd gwaith cyfieithu, oedi a wnaeth y cenhadon yn Nahiti er mwyn cael amser i astudio, a gweld sut i ddefnyddio termau diwinyddol yn yr iaith frodorol. Parch at air Duw oedd y gwir reswm, er i'r cyfarwyddwyr yn Llundain gredu bod esgeulustod. 67 Bu John Davies, Henry Nott, a Samuel Tessier yn brysur yn paratoi hanesion Ysgrythurol fel cyfryngau addysgol, ac fel paratoad ar gyfer cyfieithu. Credai'r cyfarwyddwyr mai'r 'genuine Word of God' oedd eisiau ar y bobl, ond dyna farn y cenhadon hefyd; dyna oedd eu nod, ond gwyddent hwy yn well na'r cyfarwyddwyr am y broses o wneud hynny. Gyda chymorth parod John Davies, a rhai o'r brodorion, dechreuodd Henry Nott ar y gwaith m 1813. Am un cyfnod cyfarfyddai Nott a Davies â'i gilydd ar bedair noson yr wythnos.

Erbyn 1816 roedd yn barod i'r wasg, ar waethaf beirniadaeth ar Henry Nott, 'dilatory in getting any part of it ready for the press'. Yn y cyfamser, dosbarthwyd copïau llawysgrif o Efengyl Luc. Roedd angen papur hefyd fel y dywedodd John Davies ym mis Medi 1817:

We expect to proceed without delay the printing of Luke, for which the paper brought from England is reserved. We hope then to print the gospel of MATTHEW more than two thirds of which is translated, but this must depend on our receiving and adequate supply of paper

Bu Cymdeithas y Beibl yn garedig iawn yn danfon cyflenwad o bapur, arian, Testamentau, a Beiblau Saesneg.

Cymhlethwyd y paratoadau gan anghydweld ynglŷn â lleoliad y wasg. Ar ôl trafod, cytunwyd i John Davies, Crook, ac Ellis fynd i Afareiatu, lle gwnaeth y brodorion gartref i'r wasg. Dechreuwyd argraffu 30 Mawrth 1817. Pan gyhoeddwyd Efengyl Luc ym 1818 danfonodd John Davies ychydig adnodau i *Goleuad Gwynedd*. Araf iawn y datblygodd y gwaith, ond roedd John Davies yn benderfynol o orffen ei ran ef o'r broject, 'It is my intention, if the Lord be pleased to spare me my life, to do all I can towards translating the word of God to theTahitian language'. Arfer John Davies oedd dangos y llawysgrif i'r brenin er mwyn i hwnnw wneud y cywiriadau angenrheidiol, a chyda chymorth felly, galluogwyd y cyfieithydd i fynd yn ei flaen â'i waith. Mae'n siŵr mai 'dyfal donc' oedd arwyddai'r John Davies. Llwyddwyd i orffen yr Efengylau, Llyfr yr Actau, a'r Salmau. Ym 1821 cafwyd cymorth Thomas Jones, un arall a ddisgyblion Gosport, gŵr a anfonwyd allan 'for the express purpose of of improving the traslation'. Gwnaeth yntau rhestri 5,000 o eiriau fel sail i'w waith, ond mewn byr amser bu farw ei wraig, a gadawodd Thomas Jones am America, lle y bu farw. Ymddangosodd Efengyl Ioan, ym 1821, a'r Actau ym 1822.

Yn yr un cyfnod dechreuwyd paratoi rhannau o'r Hen Destament, ond roedd rheidrwydd i orffen y Testament Newydd. Diwygiwyd y llythyrau at y Rhufeiniad, a'r Effesiaid, a darparodd Tyerman a Bennet adroddiad cyn diwedd 1824. Canmolwyd Mr Darling am ei waith gyda'r wasg, oedd ar y pryd yn brysur yn argraffu deg o Epistolau Paul, a gyfieithwyd gan John

Davies. Ef hefyd oedd yn gyfrifol am dri llythyr arall, a dyna gyfanswm ei gyfraniad ef. Erbyn 1828 roedd Llyfr y Datguddiad wedi ei orffen. Cofnodwyd am 1829, 'the New Testament is now wholly printed, and a second uniform edition is in progress'.

Fel gyda pob cyfieithiad roedd galw am ddiwygio. Digwyddodd peth o'r gwaith yn ystod 1842-3, ond roedd y pwyllgor yn Llundain yn feirniadol o'r egwyddorion oedd yn sail i gyfieithu'r Testament Newydd. Ar gais Cymdeithas Genhadol Llundain, cytunodd Cymdeithas y Beibl i gael argraffiad newydd wedi ei ddiwygio'n ofalus. Apwyntiwyd Howe a Jesson i fod yn gyfrifol am y gwaith, ond roedd cenhadwr arall wedi cyrraedd i weithio ar y diwygio gyda George Pritchard, sef Thomas Joseph, 'mwy o Sais na Chymro', yn ôl John Davies. Roedd Thomas Joseph a rhai eraill o'r cenhadon yn iau na Henry Nott a John Davies, ac nid oedd y ddau yn awyddus i'r rhai llai profiadol fod yn gyfrifol am y cyfieithu. Yn wir, amheai John Davies fwriadau'r newydd ddyfodiad o Gymru, 'made for a vain show, and to get a good reception from the religious public in England, than a real concern for the good of the Mission'. Yr un oedd ei agwedd at allu'r rhai iau, 'medling with things not well understood'.

Cadwai Thomas Joseph gysylltiad agos â J. Jowett, Cymdeithas y Beibl. Ar ymweliad â Llundain, a Howe yno hefyd, trafododd y Cymro y gwaith gyda Jowett, ac roedd hwnw yn fodlon arno. Rhoddwyd disgrifiad o ddull Joseph a Howe o weithio:

> We compare the Tahitian text with those of the Hebrew and English, and when a variation occurs, we examine the Septuagint and Vulgate, together with the French and Welsh editions of the Bible published by your Society.

Yn yr un llythyr, mynegodd y ddau eu hawydd i orffen gynted ag oedd yn bosibl. Roedd sawl rheswm dros y dymuniad. Erbyn hyn roedd plant yr ysgolion yn oedolion, ac yn bennau teuluoedd, ond heb gopïau o'r Beibl.

Roedd y Pabyddion yn brysur, a Ffrancwyr yn eu cynnal. Dim ond y Gair a fedrai fod yn arf effeithiol i wrthwynebu pob rhwystr. Felly am chwe mis, gweithiai y ddau yn ddi-baid, er mwyn gorffen y gwaith. Pan ddaeth i ben, danfonwyd ef ar y llong 'John Williams' i Dahiti. Thomas Joseph, ynghyd â Joseph Moore, a wnaeth diwygio pellach ar y Testament Newydd, a rhannau o'r Hen Destament. Ym mis Awst danfonodd y ddau lythyr at A. Brandram, Cymdeithas y Beibl, i ddweud;

> We are exceedingly happy to be at length, able able to report to you the completion of the revision of the Tahitian scriptures. The last sheet left on Monday the 12 of last.

Danfonwyd 5,000 o gopïau i'r ynysoedd, a croesawyd hwy yn frwdfrydig gan y brodorion. Argraffwyd fersiwn diwygiedg o'r Testament Newydd ym 1853, ac argraffiad o'r Beibl cyfan ym 1858. 88 Digwyddodd cyfieithu a diwygio am dros 50 o flynyddoedd, oedd yn fynegiant clir o awydd y cyfieithwyr i roi'r Beibl yn nwylo'r brodorion.

## India

### Casia a Sylhet

Roedd Thomas Jones yn awyddus i fod yn genhadwr, ac os yn bosibl yn yr India, ond oherwydd ei afiechyd credai'r LMS mai Affrica oedd orau iddo. Cefnogwyd ei fwriad i fynd i'r India gan amryw ffrindiau. Yn lle disgwyl oddi wrth y LMS, sefydlwyd cymdeithas arall o dan nawdd y Methodistiaid Calfinaidd a hi a fu'n gyfrifol am ddanfon Thomas Jones i Gasia, India. Ar ôl cyrraedd Cherrapunji, llwyddodd yn fuan i gael gafael ar yr iaith, a dechrau cyfieithu, yn ffyddiog y byddai Cymdeithas y Beibl yn barod i'w gefnogi. Ymhen pedair blynedd roedd Efengyl Mathew yn barod i'w chyhoeddi. Cyflwynodd hi i Gymdeithas y Beibl trwy'r cenhadwr Alexander Duff, cymwynaswr i'r Cymry yn yr India. Oherwydd cyflwr isel y bobl yn gymdeithasol ac ysbrydol, roedd angen dybryd am gyfieithiad o'r Ysgrythur. Mantais hefyd oedd y ffaith fod y Prydeinwyr yn arfer yr iaith, a felly yn cyfrannu at ei lledaeniad.

Cytunodd Cymdeithas y Beibl i argraffu 1,000 o gopïau o Efengyl Mathew fel arbrawf. Gwerthfawrogodd Bwrdd Cenhadol y Methodistiaid Calfinaidd y parodrwydd hwn. I Thomas Jones ei hun, dyma ddechrau sylweddoli ei freuddwyd y cyfeiriodd ati yn un o'i lythyrau:

> Fy awyddfryd blaenaf i yw gwneud cyfieithiad da o'r Testament Newydd, y fath na all neb a ddelo ar fy ol byth ei wella, er y gallent ei newid. Pan fyddwyf wedi gwneyd hyn, a sefydlu eglwys frodorol, yr wyf yn foddlon i farw, neu i adael y maes, ond nid cyn hynny.

Gwaetha'r modd, profodd afiechyd yn drech na'i freuddwyd. Llwyddodd Thoms Jones i baratoi ei lawysgrif ar Lyfr yr Actau, ond ni fedrai ei danfon at Gymdeithas y Beibl oherwydd afiechyd yn syth ar ôl marw ei wraig ym mis Awst 1845. Adferwyd ei iechyd i raddau; priododd un o'r Indiaid, a gadawodd y ddau am Pomreng i ganolbwyntio ar amaethu. Braidd yn ystyfnig oedd agwedd Thomas Jones wrth ddelio â chyfarwyddwyr y Bwrdd Cenhadol, a diarddelwyd ef ym 1847.

Cyrhaeddodd William Lewis fryniau Casia ym 1843, a chafodd bron bedair blynedd i elwa ar waith ei gyd-genhadwr, Thomas Jones. Roedd William Lewis yn fwy na pharod i dorchi ei lewys. Cyfieithodd dair o'r Efengylau; diwygio Efengyl Mathew, a chyfieithu Llyfr yr Actau. Cafodd amser hefyd i baratoi Salm 67 ar gyfer y 'Grand Exhibition' yn Llundain; cyhoeddi ail argraffiad o'i 'Llyfr Ysgol'; 'Llyfr Emynau', a diwygio yr Efengylau. Dyma lawn côl o waith, ond cafodd gymorth parod ei wraig, 'Cefais fy ngynorthwyo yn y gorchwyl o gopïo gan fy annwyl wraig, yr hon sy'n rhoi ei hamser at hyn ar ôl gorffen llafur y dydd'.

Pan orffennwyd y Efengylau a'r Actau, cytunodd Cymdeithas y Beibl i argraffu 1,000 o gopïau. Gohiriwyd gwneud hynny oherwydd prysurdeb y wasg yn Nhalcutta, a phrinder papur. Danfonodd y Fam Gymdeithas y papur angenrheidiol a rhodd o £1,000. Ar ôl tair blynedd o ddisgwyl roedd yn bosibl argraffu;

> Your Committee are thankful to report that the version of the four Gospels and Acts into the Khassi language, which was furnished to them three years ago, by the Rev. W. Lewis, Cherrapunji, has at length left the press. Great thanks are due to Mr. Lewis for the labour expended on this work, which he has superintended throughout. The edition consists of 1,000 copies. The volumes will be strongly bound to fit them for the climate where they are to be used

Bu peth oedi, ond fe gyrhaeddodd y copïau i'r Bryniau.

Gŵr penderfynol oedd William Lewis â'i fryd ar orffen cyfieithu'r Testament Newydd. Ni fu ei iechyd ef na Mrs Lewis yn dda iawn. Dychwelodd y ddau i Gymru, ond ni fedrai William Lewis fod yn segur. Ailgydiodd yn y cyfieithu, a dyma oedd ei brif waith o 1866 hyd 1869. Gweithiai o dan gyfarwyddyd T. W. Meller, Cymdeithas y Beibl, gŵr a'i allu ieithyddol yn ddigon o ryfeddod, ond yn dra hoff o feirniadu. Gan fod Meller mor drylwyr yn cywiro, nid oedd eisiau i William Lewis ymweld â'r goruchwliwr. Brwydro oedd y Cymro yn ystod 1866, ond ymegnïodd eto cyn diwedd y flwyddyn. Er bod William Lewis yn canolbwyntio ar gyfieithu, barnai Meller mai araf oedd y cynnydd. Digwyddodd gohirio pellach pan awgrymwyd y dylai Thomas Jones yr ail, gynorthwyo William Lewis. Gorfodwyd Meller i ymddiswyddo o'i waith fel goruchwyliwr cyfieithu Cymdeithas y Beibl, ond parhaodd i gynorthwyo William Lewis, a chafwyd cymorth R. G. Girdlestone hefyd.

Danfonodd William Lewis adroddiad o'i waith ym mis Mawrth 1869, pan ofynnwyd iddo am wybodaeth. Erbyn hyn gorffennodd hyd at Epistol Ioan. Ei obaith oedd gorffen y Testament Newydd erbyn diwedd 1869. Yn anffodus, digwyddodd tân yn argraffdy Watts yn Llundain; bu raid i William Lewis ail-gopïo sawl llawysgrif; gwaethygodd iechyd Meller, a pharlyswyd ef. Llwyddwyd i gyhoeddi'r gwaith ym 1871. Gwnaethpwyd diwygio pellach gan William Lewis a John Roberts. Ar wahân i Lyfr y Datguddiad, roedd y gwaith yn barod i'r wasg erbyn 1884. Parhaodd William Lewis i gyd-weithio, ond John Roberts oedd yn darllen y proflenni terfynol. Ym 1885, cyhoeddwyd 4,000 o gopïau, 3,000 o'r Efengylau. Talwyd John Roberts ddwy ran o dair o £35 a William Lewis y rhan arall.

Gweithiai John Roberts, a T. Jerman Jones ar yr Hen Destament, a'u cynorthwyo gan William Lewis. Gwelodd y Pum Llyfr olau dydd ym 1885 yr un pryd â'r Testament Newydd. Fel John Jenkins yn Llydaw, cafodd John Roberts gymorth ei wraig. Wrth ddanfon copi o Lyfr Joshua at Gymdeithas y Beibl dywedodd iddo ei ddarllen yn ofalus, 'Then Mrs Roberts went through the whole comparing it with the English'. Bu cryn ddadlau ymlhith y cenhadon ar sut i gyfieithu, ond gwahanol oedd problem Jerman Jones. Mewn cyfarfod, derchreuodd beswch, a chredai mai dant pwdr oedd yr achos, 'Then the revising room was converted into a dentist's surgery'. Ymunodd Griffith Hughes yn y gwaith. Pan oedd ef adref yng Nghymru, gofynnwyd iddo dderbyn y proflenni, a bod yn arolygwr y wasg. Ar 1 Ionawr 1892, hysbysodd Gymdeithas y Beibl iddo ddanfon y rhannau olaf i'r wasg. Roedd un cam arall i'w gymryd, sef, argraffu Beibl cyfan. Daeth y gwaith hwnnw i ben ym 1897 trwy garedigrwydd Cymdeithas y Beibl, a John Roberts oedd yn ôl yng Nghymru ar y pryd, yn oruchwyliwr y wasg. Ar ôl yr holl waith cyson, nid rhyfedd i'r astudio effeithio ar lygaid John Roberts. Y ffrwyth parhaol oedd rhoi i'r Casiaid sail i'w bywydau personol, eglwysig, a chymdeithasol.

I Sylhet, y 'popty poeth', yr aeth J. Gerlan Williams. Ef a gyfieithodd Efengyl Ioan i iaith Cachari, gwaith a orffennodd cyn mis Medi 1904, 'Yr wyf wedi gorffen cyfieithu Efengyl Ioan i Cachari ac y mae y Llywodraeth yn mynd i'w printio yn rhad'. Argraffwyd hi ym mis Hydref yr un flwyddyn. Roedd Efengyl Marc yn barod i'r wasg ym mis Hydref 1905, gydag addewid oddi wrth Gymdeithas y Beibl i'w chyhoeddi.

## Punjab

Addysgwyd Arthur Lewis yn Rhydychen. Ar ôl gadael y coleg apwyntiwyd ef yn gurad Sant Ioan, Caerdydd, ym 1877, ond erbyn mis Medi 1878 roedd yn barod i hwylio i'r India. Gweithiai yn Esgobaeth newydd Lahore, a'i ddymuniad oedd cyfieithu'r Ysgrythur i'r Baluchi. Arferai gymysgu gyda'r bobl, ac elwa wrth wrando arnynt yn siarad yr iaith. Yn ystod 1879 ac 1880, mentrodd gyfieithu rai o'r gwyrthiau a rhai o'r damhegion. Gorffennodd Efengyl Mathew, a threfnwyd i argraffu 1,000 o gopïau o rannau o'r Ysgrythur. Ynghanol ei brysurdeb bu raid iddo symud i Lahore, ond llwyddodd i olygu Efengyl Mathew a'i hargraffu ym 1884. Cofnodwyd yn yr adroddiad blynyddol, 'This is the first appearance in print of that hitherto unwritten language'.

## America Brydeinig

Trefnodd Cymdeithas y Beibl i John West deithio America Brydeinig er mwyn gweld yn glir beth oedd angen ysbrydol y bobl. Pan ymwelodd â llwyth o Indiaid ar lan afon Credit argyhoeddwyd ef y dylid cyfieithu'r Ysgrythur i'w hiaith, sef y Chippeway. Pwysodd ar Gymdeithas y Beibl i weithredu, a'i sicrhau bod cyfieithwyr gydag ef mewn golwg:

> I conversed with some of the Wesleyan Missionries on the subject of translating the Bible, or portions of it into this language; and they presented

me with the translation of several hymns &c by two half-caste men I know at the River Credit, Upper Canada, which I send to the Committee.

Roedd y ddau y cyfeiriwyd atynt yn dra gwahanol i'r cyfieithwyr eraill yn y gwahanol wledydd. Roedd pob un ohonynt o Gymru; bron bob un yn siarad Cymraeg, a phob un wedi cael peth addysg. Nid felly Peter a John Jones. Roedd ganddynt gysylltiadau â Chymru, ond ni fedrent siarad Cymraeg, ac ni chawsant addysg ffurfiol. Enw llawn y cyntaf oedd Peter Jones neu Kahkewaquonaby, pennaeth yr Ojibwas, neu'r Chippeways yn ôl y dynion gwyn. Ymfudodd tad-cu'r brodyr o Abertawe, a setlo ger afon Hudson, Efrog Newydd. Tirfesurydd oedd Augustus Jones, tad Peter a John, a deiliad tir yn America Brydeinig. Roedd ganddo ddwy ferch Indiaidd yn wragedd, ac un ohonynt oedd mam y brodyr, a dyna sut y daeth yn bennaeth y llwyth.

Daeth Peter a John Jones yn Gristnogion o dan weinidogaeth y cenhadon Wesleyaidd. O ganlyniad i'w profiad cawsant awydd i addysgu eu hunain, a chael cyfarwyddyd y cenhadon hefyd. Cyflwynodd y ddau ohonynt eu hunain i wasanaeth y Methodisitiaid Esgobol. Trefnwyd i'r ddau frawd ganolbwyntio ar gyfieithu. Danfonodd y goruchwylwyr yn Llundain £100 iddynt er mwyn dechrau ar y gwaith. Efengyl Matthew oedd maes Peter Jones. Pan orffennodd y saith bennod gyntaf ym 1830 canmolwyd y gwaith gan amryw o bobl yn cynnwys llywodraethwr Canada Uchaf. Ffrwyth hyn oedd ennill ei gefnogaeth i'r fentr. Danfonodd £58-6-8 er mwyn argraffu dwy fil o gopïau o ran o Efengyl Mathew, 'paid in advance of sum annually due to the Indians'. Gorffennodd John Jones Efengyl Ioan erbyn 1831.

Ym 1831 ymwelodd Peter Jones â Llundain i gasglu at y gwaith cenhadol. Dyma'r pryd y cyfarfyddodd â'i ddarpar wraig, Elizabeth Field, a'i thad yn berchen dau dŷ braf a ffactri yn Llundain. Eglurodd Peter iddi'n fanwl natur y bywyd yng Nghanada Uchaf i'w pharatoi ar gyfer gadael Llundain.

Cafodd gyfle i gwrdd â goruchwylwyr Cymdeithas y Beibl, dangos ei waith iddynt, a chyflwyno Efengyl Ioan a gyfieithwyd gan ei frawd John, a'i diwygio gan Peter. Ynghyd â William Greenfield trefnwyd i argraffu 1,000 o gopïau o'r Efengyl. Mynegodd Peter Jones fodlonrwydd gyda'r ymateb i'w apêl ariannol. Cyn gadael, sicrhaodd y cenhadwr gyflenwad o Feiblau i Gymdeithas York, 200 o Destamentau a 50 o Feiblau Saesneg.

Dychwelodd Peter Jones i'w gynefin; parhaodd gyda'r gwaith o genhadu, a phleser iddo oedd pregethu o Efengyl Ioan am y tro cyntaf yn iaith y bobl. Ei destun oedd pennod 3, adnodau 14-15. Ailgydiodd yn y gwaith o gyfieithu. Yn ystod arhosiad Peter yn Llundain, gwnaeth John, ei frawd, ddiwygio Efengyl Mathew, ac yn awr roedd yn bosibl i roi sylw i efengyl Marc. Pan dderbyniwyd y gwaith yn Llundain mynegwyd canmoliaeth fawr iddo, gan nodi yn arbennig drylwyredd y cyfieithwyr.

Heb yn wybod i Peter Jones roedd eraill wrth y gwaith o gyfieithu. Pan glywodd fod Dr James ger Llyn Superior wedi cyfieithu'r Testament Newydd, canolbwyntiodd Peter Jones ar yr Hen Destament, a dechrau ar Lyfr Genesis. Nid oedd iechyd Peter Jones yn rhy dda chwaith. Mewn llythyr at y pwyllgor yn Llundain dywedodd:

> Since the last time I wrote to you I have been occassionally employed in translating the book of Genesis in the Chippeway tongue, and I hope to finish it some time during the next season. I fear I shall be obliged to discontinue the business, when I have finished the present book, on account of a pain in my chest, which has affected me some time while confined to the work during the winter.

Ar waethaf hynny roedd Genesis yn barod erbyn Mawrth 1835.

Gwnaeth is-bwyllgor Cymdeithas y Beibl yn York apwyntio dau berson i ddarllen gwaith Peter Jones. Sicrhawyd ef mai nid amharch iddo oedd hyn, ond yn hytrach rheidrwydd i ddiwygio'n gyson. Ymgydymodd Peter Jones â rhannau o'r Hen Destament, y Salmau yn arbennig, ond nid yw'n glir iawn pa faint o waith a gyflawnodd. Bu'n bwrw golwg dros gyfieithiad Dr James, a'i gynorthwywr, a'i farn oedd, 'owing to an imperfect knowledge of the language I regret to say they have not given correct translation'.

Cafodd Peter Jones gyfle arall i fynd i Lundain ym 1838. Ymwelodd â chanolfan Cymdeithas y Beibl i drafod materion cyfieithu. Siaradodd mewn nifer o gyfarfodydd, a dangos copïau o Efengyl Mathew, Efengyl Ioan, a Genesis. Ei brif bwrpas y tro hwn oedd dadlau hawliau'r Indiaid, oherwydd bod y dynion gwyn yn dwyn y tir oddi wrth y brodorion. Ei ddymuniad oedd cael gweithredoedd cyfreithiol i ddiogelu'r tir. Trefnodd yr Arglwydd Glenelg, yr Ygrifennydd Trefedigaethol, iddo ef a Peter Jones gwrdd â'r frenhines. Cafodd dderbyniad caredig, ac addewid i ystyried ei gais. Rhoddodd y frenhines ddisgrifiad byw o'r Indiad, 'He is a tall, youngish man, with a yellowish complexion and black hair; he was in National dress, which is entirely of leather; leather leggings etc. He kissed my hand, he speaks English very well, and expressed himself very well'. Addaw-wyd ystyried ei awgrymiadau i ddiogelu tir yr Indiaid.

## Affrica

### Gwlad Matabele a Tanganyika

Gŵr o Lanylid, Pen-y-bont ar Ogwr oedd T. M. Thomas. Ychydig o addysg a gafodd yn ei ddyddiau cynnar, ond ar ôl cael ychydig o hyfforddiant derbyniwyd ef i Goleg yr Annibynwyr yn Aberhonddu. Pan gyrhaeddodd Affrica ym 1858 setlodd yn Inyata. Yn fuan ar ôl dechrau dysgu'r iaith, a meddwl am gyfieithu, cododd tyndra rhyngddo a'i gyd-genhadon. Cyfieithu i'r iaith Satabale, yr iaith frodorol, oedd bwriad T. M. Thomas, ond y lleill yn credu y dylid canolbwyntio ar iaith y Zulu, 'we doubt if it is desirable to add another language to the confusion of tongues'. Gwrthwynebai'r Sais William Sykes, unrhyw gysylltiad â Chymru. Er enghraifft gwrthodai ddefnyddio 'll', er ei bod yn iaith y bobl. Roeddent yn anfodlon hefyd i un person fod yn gyfrifol am y cyfieithu. Helbulus felly oedd y berthynas rhyngddynt, oherwydd ystyriaethau ieithyddol a chenedlaethol. Fel ym Madagascar nid oedd y Cymry a'r Saeson yn rhy gyfeillgar yn Affrica. Cyhuddwyd T. M. Thomas hefyd o wastraffu amser gyda phethau'r byd hwn, yn arbennig prynu a gwerthu ifori, a chondemnio ei arfer o roi dillad i'r plant ysgol fel gwobr. Gresynu at agwedd T. M. Thomas a wnaeth Cymdeithas y Beibl '& we are still more surprised that any of his friends in Wales should have sympathy with his conduct'. Nid oedd y berthynas rhwng T. M. Thomas a phwyllgor y LMS yn Kuruman yn un iach iawn, ac felly nid oedd neb i'w amddiffyn.

Herio'r awdurdodau a wnaeth T. M. Thomas. Glynodd wrth yr iaith Satabele, ond erbyn c.1873 roedd y berthynas rhwng y cenhadwr a Llundain a Kuruma mor wael nes i'r LMS, alw T. M. Thomas yn ôl i Loegr, a'i hysbysu na ddylai ddychwelyd i Affrica. Daeth yn ei ôl, ond ni fedrai dim byd ei gadw o Affrica. Dychwelodd ar rei liwt ei hun, a pharhai gyda'r gwaith o gyfieithu. Gorffennodd y Testament Newydd ychydig ddyddiau cyn iddo gael ei daro'n wael, ond bu farw cyn i'r gwaith gael ei argraffu. Diolch i'w weddw nid dyna ddiwedd y stori. Roedd hi'n benderfynol i'w gyhoeddi. Rhoddodd fanylion am y gwaith:

On our return to Matabelaland Mr Thomas being disconnected from the Society determined to continue the translation of the New Tesament, going over it again and again, with the Natives to see they understood it. On his table he would have especially his Welsh Test. also Greek, Hebrew, Dutch and Zulu and not a sentence did he write without very great study and thought. The work was only accomplished a da day or two before he was seized with his last illness. He was so methodical. He rose at 5 a. m. and retired at 9 p. m. having the farm to attend to. He also sent out hunters and traders to support his mission and his family. I am afraid I am not clear and emphatic enough but as to dates I am sure it was the work of 20 years at least before printed.

Gwnaeth Caroline Thomas, ei weddw bopeth posibl er mwyn argraffu'r gwaith. Gwariodd £100, a gasglodd dros lawer o flynyddoedd i argraffu rhai copïau yn Mhraetoria, ynghyd â'r draul o'u danfon mewn cart eidion dros 700 o filltiroedd i'r lle hwnnw. Gwerthodd dri chopi am 7s-6d yr un; rhoddodd bymtheg copi i wahanol bobl, a chuddiodd y gweddill o'r pum cant mewn bocs tun yn Shilo. Pan dorrodd rhyfel allan rhwng y llwythau defnyddiwyd y copïau hyn fel rhan o wisg y milwyr.

Yn ddoeth iawn cadwodd y weddw un copi. Clywodd y Prch. J. Laing, Durban amdano, a llwyddodd i gael gafael arno. Danfonwyd ef at yr LMS, ac er syndod i'r weddw derbyniwyd ef. Mynegodd Morgan, y mab, barodrwydd i helpu gyda'r argraffu, a derbyniodd ei fam £100 am y gyfrol. Un arall a glywodd am y copi oedd W. Thomson, LMS. Wrth ohebu â Chymdeithas y Beibl, awgrymodd ffurfio grŵp bychan i ddiwygio'r gwaith, a'i ddewis ddynion oedd C. Helm, W. A. Elliott, a'r Cymro, Bowen Rees, o Landybïe, sir Gaerfyrddyn. Cytunwyd i gael argraffiad newydd, a dechreuwyd diwygio Efengyl Luc. Tra'n gweithio ar y cyfieithiad gwnaeth Bowen Rees gydnabod ei ddyled i T. M. Thomas. Pledleisiodd Cymdeithas y Beibl dros argraffu 5,000 o waith T. M. Thomas fel cyflenwad dros dro, a 500 cant o Efengyl Mathew. Gwrthwynebwyd hyn gan Elliott, ond ni lwyddodd i newid y penderfyniad, er i'r rhif ostwng i 3,000. C. Helm a arolygodd y gwaith. Ar ôl bron ddeugain mlynedd o ddyfalbarhau, roedd Testament Newydd T. M. Thomas yn dal ar gael.

D. P. Jones, o Gei Newydd, sir Geredigion, oedd cymwynaswr Tanganyika. 151 Ar ôl cyrraedd y wlad astudiodd y tafodieithoedd er mwyn ffurfio'r iaith ar gyfer pregethu a chyfieithu. Ym mis Mai 1891 medrai ddweud, 'I conducted the service for the first time entirely in the native language'. 152 Eglurodd ymhellach:

> I am the only one I believe who ever attempts to read portions of the New Tesament in the Kinambwe, and I do so from the MSS. I have been able to use the native language inclusively in our Sunday services for some months, even to conducting our Communion services, but it is time we advanced together and others were able to do the same. But until we have portions of the New Tesament printed and distributed it is hopeless.

Roedd yn benderfynol o gael y Testament Newydd yn iaith y bobl.

Ar waethaf ei frwdfrydedd roedd yn anodd i D. P. Jones ddyfalbarhau oherwydd ei afiechyd yntau a'i wraig. Llwyddodd i wneud gwaith ar Efengyl Marc, ond gwaethygu oedd iechyd y ddau ohonynt.154 Gorfodwyd hwy i fynd yn ôl i Loegr. Aeth â llawysgrif Efengyl Marc gydag ef, a hefyd un o'r brodorion i'w gynorthwyo tra yn Lloegr. Ar gais yr LMS, cytunodd Cymdeithas y Beibl argraffu Efengyl Marc, a chyhoeddwyd hi ym 1893. Cafodd adferiad buan. Dychwelodd D. P. Jones i Affrica ym 1894. Danfonodd Cymdeithas y Beibl £5 iddo am ei waith ar Efengyl Marc.

Oherwydd afiechyd dal i frwydro a wnaeth D. P. Jones ar ôl dychwelyd i Affrica. Llwyddodd i neilltuo dau fis yn nechrau 1895 i ganolbwyntio ar gyfieithu, a chywiro argraffiad Efengyl Marc. 158 Unwaith et gorfodwyd ef i ddychwelyd i Loegr. Ar ôl ychydig seibiant, cyfieithodd, ac argraffu Efengyl Ioan ym1897, a chychwyn ar rannau eraill o'r Testament Newydd. LLwyddodd i gyfieithu a diwygio yr holl o'r Testament erbyn 1900. Talwyd £100 iddo am ei lafur. 159 Erbyn hyn roedd D. P. Jones yn Ninbych y Pysgod. Yno y gwnaeth y cywiriadau angenrheidiol. 160 Ymddangosodd y gwaith ym 1901.

Pennod 3

# DIWYGIO CYFIEITHIADAU'R GAIR

Cyflawnwyd gwaith cyfieithu mewn ambell wlad cyn i'r Cymry gyrraedd yno. Roedd hyn yn wir am Lydaw, a sawl gwlad arall.

## Llydaw

Dechreuodd Le Gonidec gyfieithu Efengyl Matthew cyn i David Jones gyrraedd Llydaw, ond fel y nodwyd eisoes y Cymro a wnaeth hybu'r gwaith. Ar gyngor David Jones cytunwyd i Le Gonidec ddefnyddio'r Fwlgat fel sail y cyfieithiad, ffordd oedd hyn i guddio'r ffaith mai Cymdeithas y Beibl oedd yn cefnogi'r fentr, 'as Mr Legonidec sstrongly hopes from his connections & his known attachment to the Bourbons & the Church, to introduce his translation his countrymen under the sanction of the Bishops'. Yn ôl adroddiad David Jones roedd Le Gonidec yn llawn ynni. Gweithiai o 11 o'r gloch y bore hyd 3 o'r gloch y prynhawn fel 'Commissaire del la marine', ac felly neilltuai'r bore cynnar a'r hwyr i gyfieithu, ond nid oedd hynny yn faich iddo, oherwydd roedd yn gyfarwydd â chodi'n fore. Dyma ddarn o adroddiad David Jones:

> He translates every morning at present from 15 to 20 verses; after breakfast we compare the whole with the Vulgate, with the Greek, and with the Welsh, not infrequently some trivial changes are made in this revision of the translation, and whenever the Latin words are barbarous, or are at all ambiguous. Mr Le Gonidec is very willing to adopt the meaning which the Geek text favours.

Ar ôl marw David Jones pwysodd y Feibl Gymdmeithas yn drwm ar yr Athro Keifffer ym Mharis, a llywiodd ef y trefniadau yn Llydaw, a gohebu â Llundain. Gorffennwyd Efengyl Matthew cyn canol Hydref, 1824-5. Dyma ddechrau calonogol. Gorffennwyd cyfieithu'r Testament Newydd erbyn 1827, ac roedd Le Gonidec yn awyddus i gyfieithi'r Hen Destament hefyd. Cafodd gefnogaeth Carnhuanawc i wneud hynny. Mewn llythyr at y Feibl Gymdeithas dywedodd Carnhuanawc:

> About a fortnight ago I was with Mr Le Gonidec at Angouleme – he has already commenced the Translation of the Old Testament & has completed the Book of Genesis. I went over the last part word for word with him & find it a most excellent translation he is only waiting for the resolution of the Bible Society to proceed with it & I hope he will not be disappointed.

Er bod y Llydawr yn frwdfrydig roedd Cymdeithas y Beibl yn ansicr ynglŷn â chyhoeddi ei waith, hyd yn oed ar ôl iddo orffen cyfieithu'r Hen Destament. Ni welodd olau ddydd am 30 o flynyddoedd, ac nid Cymdeithas y Beibl a'i gyhoeddodd.

Pan gyrhaeddodd John Jenkins Llydaw adnewyddwyd y gobaith am barhau'r cyfieithu a'r diwygio. Aeth i Lydaw i bregethu a dosbarthu'r Testament Newydd. Sylweddolodd y dylid diwygio Testament y Llydawr, ac yn well fyth mentro ar gyfieithiad newydd. Nid cyfieithiad Le Gonidec oedd y gorau ar gyfer y bobl yn gyffredinol, er nad oedd John Jenkins mewn unrhyw ffordd yn bychanu gallu'r cyfieithydd. Roedd yn barod am waith, a gobeithiai gael gafael ar wasg. Holodd amryw o bobl, yn cynnwys Mr Ledan, yr agraffydd, a chytunent fod angen am gyfieithiad arall. Roedd anhawster, er hynny. Ni chredai Joseph Jowett, Cymdeithas y Beibl, fod eisiau gwaith pellach, oherwydd roedd y Llydaweg yn colli tir, a dim brwdfrydedd cenedlaethol i'w diogelu.

Roedd Thomas Phillips yn selog dros y gwaith cenhadol yn Llydaw.

Danfonodd lythyr at James Williams, Methodist Calfinaidd, er mwyn cael ei farn am gyfieithiad Le Gonidec. Atebodd yn ffafriol, ond cydnabyddai fod eisiau diwygio. Danfonodd John Jenkins air at JamesWilliams hefyd, yn gofyn am ei farn yntau. Ond yn y cyfamser derbyniwyd llythyr oddi wrth John Jenkins yn hysbysu'r gymdeithas ei fod ar fin dod i Lundain, ac y medrai gwrdd â chynrychiolwyr yn bersonol. Derbyniwyd yr awgrym.

Awdurdodwyd John Jenkins i fynd yn ei flaen gyda'r diwygio. Gorffennodd Efengyl Matthew yn fuan. Erbyn mis Mai gorffennodd Efengyl Ioan. Cafodd gymorth Ricou, 'hen ffermwr Llydawaidd, tlawd, ag sydd yn Frython hyddysg ac wedi dysgu Lladin o hono ei hun yn dda'. Peth gwerthfawr oedd cael cymorth un o'r brodorion, ac un hefyd oedd wedi meistroli'r Lladin, un o'r ieithoedd a ddefnyddid wrth gyfieithu. Medrai gymharu'r Llydaweg â'r Lladin. Roedd Thomas Phillips yn awyddus i wybod beth a ddywedai James Williams, Quimper, am y gwaith. Nid oedd ef yn Roegwr, ond roedd Testament Groeg Bloomfield a Lexicon Robinson ganddo. Cafodd Thomas Phillips lythyr yn rhoi ei farn. Credai James Williams y dylid newid geiriau, a chynnwys pan oedd eisiau, 'revision of Le Gonidec'. Bwrw ymlaen ar ei liwt ei hun a wnaeth John Jenkins. Llwyddodd i gyhoeddi cyfieithiad newydd, nid fersiwn diwygiedig. Cyhoeddwyd 3,000 o gopïau gyda Blois ym Mrest, a phris y gyfrol, 450 tudalen, oedd 5c. Cydnabyddwyd John Jenkins am ei waith; rhoddodd Cymdeithas y Beibl £50 i'r Bedyddwyr, a throsglwyddwyd y swm i John Jenkins; rhoddodd Cymdeithas Genhadol y Bedyddwyr £100, a sicrhau cyflog o £105 y flwyddyn iddo.

Credai John Jenkins fod eisiau diwygio parhaus. Ym 1850, cytunwyd i gael argraffiad diwygiedig, a chyn diwedd Tachwedd y flwyddyn honno roedd y gwaith sylfaenol wedi ei orffen. Ym mis Gorffennat 1851, medrai John Jenkins ddweud, 'I am happy to inform you that the printing of the Breton New Testament is brought to a close. I read the last proof of the work on the 5th of this month'. Ystyriwyd cyfieithu'r Salmau; John Jenkins yn dadlau dros hynny, ond credai James Williams mai diwygio'r llyfr oedd eisiau. Danfonodd y ddau ohonynt esiamplau o'u gwaith i Lundain, a chafwyd barn Tregelles arnynt. Cydnabyddodd hwnnw fod John Jenkins yn iawn i gywiro'r Lladin gan fod testun y Fwlgat mewn sawl man yn llwgr. Er hynny, gwendid oedd dwyn geiriau Ffrangeg i mewn, a chyngor Tregelles oedd diwygio Le Gonidec.

Penderfynwyd cwrs y gwaith ym 1869. Penodwyd John Jenkins i arolygu argraffiad o'r Testament Newydd, ac felly nid oedd amser ganddo feddwl am y Salmau. Dechreuodd James Williams ar y gwaith o ddiwygio, ond dychwelodd i Gaer oherwydd 'inflamation of the throat'. Yno y gorffennodd ddiwygio'r llyfr ym 1871.

Un agwedd ddiddorol iawn ar waith cyfieithu John Jenkins, yw'r cymorth a gafodd gan ei wraig. Cydnabyddodd y gŵr ei ddyled iddi mewn ysgrif ddwys. Nid oes amheuaeth ei bod yn wraig hynod. Ganwyd hi ym Math; dysgodd Gymraeg, Llydaweg a Ffrangeg, a dywed John Jenkins ar ôl sôn am ei gwaith cynnar:

> She then read to me the Breton New Testament four times over, and I was not a little affected a few weeks ago, when after reading to me again the first sheets of the fifth edition of this New Testament, now under press, she failed to continue doing so, and was obliged to give up the reading to a young friend.

Bu John Jenkins farw ym 1872, ond roedd un wrth law i lanw'r bwlch, sef ei fab A. Llewellyn Jenkins. Cyrhaeddodd Jenkin Jones hefyd i barhau gwaith James Williams. Roedd teimlad cryf y dylid cael fersiwn cydnabyddedig o'r Testament Newydd. Ar ôl trafod y mater, cytunwyd i A. Ll. Jenkins fod yn gyfrifol am y gwaith, a thri o'r brodorion i'w gynorthwyo, Bohan, a fu'n gweithio gyda John Jenkins; Luzel a Rohan, prifathro ysgol y Llywodraeth ym Morlaix. Gweithiai Jenkins a Rohan gyda'i gilydd yn gyson; ond araf oedd y gwaith. Pan orffennwyd y Testament Newydd sicrhawyd copïau i'r Arddangosfa fawr ym Mharis ym 1885, ond yn ystod 1886 y dosbarthwyd copïau. Argraffwyd 7,000 o Destamentau Llydaweg, am 4c yr un, a 5,000 o argraffiad dwyieithog, sef Ffrangeg a Llydaweg 7 1/2c. Derbyniodd A. Ll. Jenkins rhodd o £50, a chwech Testament. Cadwodd un iddo'i hunan; copi i Luzel, ac awgrymodd Jenkin Jones y dylid cadw dau gopi ar gyfer cenhadon pan ddeuent i Lydaw. Penodwyd A. Ll. Jenkins i fod yn brif gyfieithydd llyfr Genesis, ac ar y cyd â Jenkin Jones i arolygu gwaith James Williams ar y Salmau. Wrth baratoi llyfr Genesis gweithiai Jenkins a Rouhan ar y draft cyntaf, a'i gyflwyno i Jenkin Jones a Luzel; cyfrannodd Le Braz ychydig i'r fentr hefyd. Rhoddwyd £30 i'r cyfieithwyr i'w rannu rhyngddynt. Ond ar ôl gweithio ar yr Hen Destament, Genesis yn arbennig, am flynyddoedd, penderfynodd Cymdeithas y Beibl na fedrai ei gyhoeddi Er hynny, llwyddwyd i gyhoeddi fersiwn o'r Testament Newydd ym 1897. Gwerthodd yn dda ar waethaf beirniadaeth y 'Breton Evangelical Mission'.

## Affrica

Un o gymwynaswyr cenhadaeth yr LMS yn Affrica oedd Robert Moffat. Ef a gyfieithodd yr Ysgrythur i'r iaith Chuana. Gweithiai yn Kuruman, ac ymunodd eraill ag ef ym 1858, y Cymro, Roger Price, ynghyd â John Mackenzie, J. S. Moffat a William Sykes (LMS). Erbyn hyn roedd y cyflenwad Ysgrythyrau yn gyflym ddiflannu, felly danfonodd pwyllgor lleol yr LMS yn Bechuanaland gais i Gymdeithas y Beibl am stoc newydd. Cytunwyd â'r cais, ond roedd angen arall hefyd, sef diwygio Beibl Moffat (1857). Un o'r rhai mwyaf selog dros y fentr oedd Roger Price. Gweithiai gyda Moffat, a daeth y gyfrol ddiwygiedg o'r wasg yn 1872. Nid gwaith unwaith am byth oedd hwn; roedd galw am ddiwygio pellach. Apwyntiwyd

Roger Price yn oruchwyliwr a'i gynorthwyo gan William Ashton. Wedi gwneud tipyn o waith galwyd Roger Price i Ujiji, a chymerodd John Brown ei le. Daeth yr argraffiad o'r wasg 1877.

Cyrhaeddodd Cymro arall i Kuruman ym 1870, sef A. J. Wookey, o Lanelli, hen sir Frycheiniog. Roedd yntau hefyd yn llawn brwdfrydedd i wneud gwaith diwygio. Mae'n syndod pa mor brysur y medrai fod. Canolbwyntiodd ar y Testament Newydd, a chael amser hefyd i fod yn gyfrifol am agraffiad dros dro. Roedd yn Llundain yn ystod 1891 a 1892, ond ni phallodd ei frwdfrydedd. Gwnaeth waith cywiro; peth gwaith cyfieithu; cafodd gyfle hefyd i weithio ar argraffiad poced o Efengyl Luc; meddwl am banel i wneud y diwygio terfynol, ac ymweld â Chymdeithas y Beibl.

Yn ôl yn Kuṟuman, cafodd Roger Price, A. J. Wookey a John Brown anogaeth i fynd yn eu blaenau gyda'r diwygio, a ddechreuodd eisoes; Price yn canolbwyntio ar yr Hen Destament, a'r ddau arall ar y Testament Newydd. Anfonodd Price lythyr at W. Thompson, Cymdeithas y Beibl, 10 Ionawr 1896, 'You will be glad to hear that I have finished my new transaltion of the Old Testament from the English Revised version. It gave me two years and eleven months of the hardest work I have ever had in my life'. Cydiodd A. J. Wookey yn y gwaith ar yr Hen Destament. Credai'n gryf nad oedd yn bosibl parhau gyda'r gwaith heb gymorth y brodorion, 'He feels that without such help as these men could render revision would be useless'. Bu'n disgwyl yn hir am gael cymorth. Yn y cyfamser bu Roger Price farw, ond roedd ei lawysgrif ym meddiant pwyllgor lleol Bechuanaland. Medrai A. J. Wookey ei defnyddio, ynghyd â'r Salmau, a'r Testament Newydd yn iaith Seralong, gwaith yr Archddiacon Crisp ar ran yr SPCK.

Wedi hir ddisgwyl daeth cymorth i A. J. Wookey, un o'r brodorion, nid pedwar fel y gobeithiai. Sylweddolai Wookey fod angen cymorth materol ar ei gynorthwywr, a threfnodd iddo dderbyn pymtheg swllt yr wythnos [75c]. Er i hyn fod yn ysbrydiaeth i A. J. Wookey, gorfodwyd ef oherwydd afiechyd adael am Lundain, ond ni fedrai fod yn segur. Gorffennodd yr hyn oedd ar ôl o Efengyl Luc; anfonodd ddeuddeg copi i hysbysu'r gwaith i wahanol fannau, ac ni fedrai fynd yn ôl i Kuruman heb Feiblau, felly gwnaeth yn siŵr fod 5,000 o gopïau ar gael. Derbyniodd rodd o £8-8-0 am y gwaith hwn.

Dychwelodd A. J. Wookey i Kuruman. Parhaodd i gydweithio gyda John Brown, ac roedd yn ddiolchgar dros ben am y trefniant i gael dau o'r brodorion i'w cynorthwyo. Unwaith eto trefnwyd i gwrdd ag anghenion materol y ddau. Gwnaeth A. J. Wookey awgrymiadau,

> talu £30 yr un i'r ddau weithiwr fynd dros y Salmau, a'r un swm i'r ddau arall i weithio ar y Beibl cyfan. Dylid talu eu costau teithio hefyd, tua £10-15-0 mwy na thebyg. Gellid defnyddio adeiladau'r LMS, a threfnu i bob gweithiwr gael gardd fechan i'w thrin.

Cyn i A. J. Wookey fynd i Lundain trefnodd pwyllgor lleol Bechuanaland ei ryddhau o'i waith er mwyn iddo gael seibiant. Dewiswyd y Cymro, Edwin Lloyd, a Mr Good, i ddechrau ar y Salmau. Siom oedd hyn i Wookey, ond cydnabyddodd y pwyllgor ei fai, a rhoi pob cefnogaeth posibl iddo. Awdurdodwyd y cyfieithydd i argraffu proflenni ei fersiwn diwygiedig o lawysgrif Roger Price, a fersiwn Price ei hun. Trefnwyd i ddanfon copïau i ddau berson cymwys er mwyn cael ei sylwadau, ond A. J. Wookey oedd y prif ddiwygiwr, 'who shall go through the whole & their common agreement shall be accepted as the version of the Scriptures to be used in this mission'. [LMS]. Erbyn diwedd 1904 roedd cryn waith wedi ei gyflawni; tri-chwarter ohono erbyn 1905. Roedd gobaith ei orffen felly. Yn yr adroddiad am 1906-7, dywedwyd, 'The revised Bible is being printed. The Rev A. J. Wookey of the LMS, the chief adviser, has come to

England to see it through the press. The whole was carefully examined by a Revision Committee'. Llwyddodd Roger Price, Edwin Lloyd, ac A. J. Wookey i gadarnhau a datblygu gwaith Robert Moffat a William Ashton. A dyma sylw priodol E. Lewis Evans, 'Moffat oedd William Salesbury y Bechwana, Roger Price ei William Morgan eithr Alfred John Wookey ydoedd ei John Davies, sef y gŵr a roes iddi Air Duw yn ei ddillad gorau, er fel pawb arall, yr oedd yn ddibynnol ar eraill'.

## Kaffraria

Y Wesleaid oedd aloeswyr y cyfieithu i'r iaith Kaffir (Xosa), a gwelodd Cymdeithas y Beibl yn dda gefnogi'r fentr. Erbyn 1838 cyfieithwyd y rhan fwyaf o'r Beibl, a'r flwyddyn honno hefyd cyhoeddwyd y pedair Efengyl.  Ym 1844 cyhoeddwyd y Testament Newydd, a pharatowyd ar gyfer cyhoeddi'r Hen Destament. Cafodd y cyfieithwyr rodd hael o £1,000 oddi wrth Gymdeithas y Beibl er mwn gorffen y gwaith, a'i gyhoeddi. Cyn cyhoeddi roedd angen diwygio pellach, ac weithiau, gyfieithu o'r newydd. Un a gafodd ran yn y gwaith oedd James Stewart Thomas.  Yr Hen Destament oedd ei faes ef; gorffennodd Lyfr Joshua,  ond mae'n anodd gwybod pa faint o'r gweddill a ddiwygiodd. Ni welodd orffen y Beibl cyfan ym 1859. Mewn rhyfel rhwng rai o'r llwythau, ac yntau yn ceisio ffordd i hyrwyddo cymod, taraw-wyd ef yn ei gefn, a bu farw bron yn union wedi hynny.

## India

### Madras a Jaffna

Cafodd y Tamiliaid yn Madras a Jaffna, yr India, ei Beibl ym 1728. Gweithiai pwyllgorau Cymdeithas y Beibl ym Madras a Jaffna ar wahân i ddiwygio'r fersiwn. Wedyn deuent at ei gilydd i wneud diwygio pellach. Ffrwyth y gwaith hwn oedd cyhoeddi argraffiad ym 1850. Ond roedd angen diwygio pellach. Ffurfiwyd panel oedd yn cynnwys y Cymro, Richard Davies Griffith, i wneud hynny.

Aeth ef i'r India ym 1837 yng nghwmni Jonathan Crowther. Collwyd llawer o fywydau yn ystod y fordaith helbulus. Ar ôl cyrraedd Madras gwnaeth y ddau gynorthwyo'r rhai a arbedwyd. Oherwydd afiechyd ni chafodd gyfle i wneud y gwaith a fwriadodd, ond 'Yr oedd yn hyddysg yn iaith y Tamil, ac yn un o ddiprwywyr y Beibl Gymdeithas er mwyn dwyn allan gyfieithiad diwygiedig o'r Ysgrythurau yn yr iaith honno'.

Cymro arall a gyfrannodd yn sylweddol i'r diwygio oedd yr Annibynnwr, Ebenezer Lewis. Ef oedd cynrychiolydd Cymdeithas y Beibl ar bwyllgor Madras. Bu'n ffigwr pwysig yn y trefnu a'r cynllunio a ddigwyddodd ym 1856. Rhannwyd y gwaith diwygio yn ofalus rhwng aelodau'r pwyllgor. Trefnwyd i bob un o'r diwygwyr edrych dros bob un o'r llyfrau, Ni symudodd hynny y rhwystrau. Digwyddodd anghydweld ynglŷn â'r fersiwn a ddylai fod yn sail i'r gwaith, a gwneud y cywiriadau a'r trefniadau terfynol. Daeth anawsterau eraill ar eu traws. Bu farw dau o'r gweithwyr, a gwnaeth dau arall ymddiswyddo. Er hynny, annog y gwaith i fynd yn ei flaen a wnaeth Cymdeithas y Beibl. Cyfrannodd £500 at y fentr. Mynegodd ei gobaith, 'There is at length the prospect of obtaining a version in this language which the agents of all Missionary Societies will agree to accept and use'. Ym 1862, ac yntau wedi ei lethu yn gorfforol a meddyliol, gorfodwyd Ebenezer Lewis i ddychwelyd i Brydain. Gwerthfawrogwyd y gwaith a gyflawnodd, 'many of Mr Lewis's suggestions were placed upon the Delegates' table and consulted as occasion required'. Mae'n amlwg ei fod yn gweithio'n ddyfal a thrylwyr.

## Lwshai (Mizoram)

Cafodd dau Gymro, D. E. Jones ac Edwin Rowlands, gyfle i ddiwygio Efengylau Luc ac Ioan, a llyfr yr Actau, a gyfieithwyd gan y ddau Fedyddiwr, J. H. Lorraine a F. W. Savadge. Cydweithiai'r ddau Gymro am gyfnod gyda'r ddau Fedyddiwr. Gwnaeth D. E. Jones a J. H. Lorraine gyfieithu y ddau lythyr at y Corinthiaid. Byddent yn diwygio a gwneud gwaith cyfieithu o'r newydd. Gorffennwyd y Testament Newydd ym 1916.

## Tsieina

Arloeswyd y gwaith cyfieithu yn Tsieina gan Robert Moffat a William Marshman. O ganlyniad i'w dycnwch agorwyd y ffordd i gyhoeddi y Delegates' Version (1847-53), o dan ofal Walter Medhurst, William Milne, ac eraill. Croesawyd y fersiwn gan yr ysgolhaig William Muirhead, a Chymdeithas y Beibl, ond ei feirniadu'n finiog a wnaeth Griffith John, gan bwysleisio'n arbennig na fyddai'r bobl gyffredin yn deall y fersiwn.

Canolbwyntiodd yntau ar ei fersiwn Wen-li, a chael cymorth gan Gymdeithas y Beibl yn yr Alban. Ond roedd Griffith John yn awyddus i weithio i Gymdeithas y Beibl [y Gymdeithas Brydeinig a Thramor], hefyd, a John Archibald, yr LMS, yn awyddus iawn iddo wneud hynny. Trafodwyd y posiblrwydd, ond oherwydd yr oedi derbyniodd Griffith John hyn fel ateb negyddol. Parhaodd yntau i weithio ar y fersiwn Wen-li, a dechrau ar fersiwn Mandarin. Newidiodd Cymdeithas y Beibl ei meddwl, ac ailgychwyn trafodaeth gyda Griffith John, a Chymdeithas yr Alban. Danfonwyd cynllun iddo i'w ystyried. Ef a fyddai'n gyfrifol am gychwyn y gwaith, a phan oedd y drafft cyntaf yn barod roedd i'w ddanfon i gynrychiolwyr o'r ddwy gymdeithas. Ac i drafod y cwbl byddai is-bwyllgor, gyda Griffith John yn gadeirydd. Nid oedd amheuaeth am ei ateb, 'Impossible'. Roedd y cynllun yn rhy gymhleth, ac amhosibl gwybod faint o amser a gymerai.

Dal i weithio ar ei liwt ei hun a wnaeth Griffith John. A beth oedd ei ddull o gyfieithu? Gwerthfawr dros ben yw'r disgrifiad hwn gan Griffith John ei hun:

> Right before me was the Greek Testament, and around me the best commentaries I could find in the libraries of my brethren in this region, as well as in my own library. I translated every verse from the Greek Testament consulting the English version and the commentaries as I went along. There are some passages in the Gospels and many in the Epistles, on which I have bestowed days and weeks of thought and reading.

Trefnwyd cynhadledd yn Shanghai ym 1890 i drafod y Delegates' Version, a materion perthnasol i gyfieithu, diwygio, a chenhadu. Roedd Alexander Wylie, Cymdeithas y Beibl, yn awyddus iawn i Griffith John fod yn aelod o un o'r pwyllgorau i drafod y fersiwn Mandarin. Gwrthod a wnaeth Griffith John unwaith eto.

Ond os gwrthododd Griffith John, roedd yna Gymro arall yn gwbl fodlon i fod yn aelod o'r pwyllgor sef George S. Owen, ac roedd Evan Bryant yn aelod o bwyllgor arall. Ni wastraffodd George Owen ddim amser. Dywedodd ym mis Awst 1891 fod y cyfieithu bron â bod yn waith amser llawn. Ond araf oedd y gwaith, ac yn ôl Goodridge, aelod o'r pwyllgor, 'For the first years the work was almost the despair of the committee', geiriau sy'n dwyn ar gof rhybudd Griffith John ynglŷn â'r fentr. A dywed George Owen, 'High time that some results of our work should appear'. Trefnwyd cyfarfod i adolygu'r gwaith ym mis Medi 1898, yn y gobaith y gellid adolygu Efengyl Ioan, Actau, Hebreaid, ac o bosibl Rhufeiniaid. Ar ôl mis a hanner o waith ni chyrhaeddwyd ond i ddiwedd yr Actau. Mynegodd George Owen ei siom, 'We accomplished very little'.

Arbedwyd George Owen rhag profi gwrthryfel y Bocsers ym 1890, oherwydd dychwelodd i Lundain am seibiant. Aeth yn ôl i Shanghai yn Nhachwedd 1900, i gwrdd â'i gyd-weithwyr. Diwygiwyd y ddwy Efengyl, Mathew a Luc, ond ni lwyddwyd i gyrraedd y llythyr at y Rhufeiniaid am bron chwe mis. Erbyn hyn roedd gwraig George Owen yn bur wael ei hiechyd. Sylweddolodd ei gŵr ddifrifoldeb y sefyllfa, a bod rhaid dychwelyd i Lundain heb lawer o obaith i fynd yn ôl i Shanghai. Parhaodd gyda'r gwaith i ddiwygio, a threfnwyd i Tsienead fynd gydag ef, sef, Chi'ang Hsiu, mab efengylydd yr LMS ym Meking.

Roedd George Owen yn fwy na bodlon ar waith ei gynorthwywr. Mewn amser byr gorffennwyd Colosiaid, 1 a 2 Thesaloniaid, Hebreaid, Iago, ac 1 a 2 Pedr. Mawr oedd gofal George Owen dros y Tsienead. Apeliodd at Gymdeithas y Beibl am godiad cyflog iddo:

> I am very sorry, however, to report that his stipend is proving insufficient. It is, as you know £100 a year. Of this sum £24 are paid to the family in Peking, £52 go to board and lodging (nothing cheaper can be found in this neighbourhood) which leave only £14 for clothing and all other expenses. Though an extremely careful man, never wasting a penny, he has been unable to pay his way, and I have had to lend him money and under various disguises for his embarrassment.

Cytunodd y pwyllgor i roi £20 ychwanegol iddo. Bregys oedd iechyd George Owen erbyn hyn, ond gorffennwyd y gwaith.

Gyda dyfalbarhad llwyddodd y ddau i orffen y diwygio cyntaf erbyn canol 1904. Disgwylient am gyflawni eu pwrpas, sef, 'a general review and harmonization of the whole of the New Testament in the light of criticisms received'. Bregys oedd iechyd George Owen, a bodlonai ar laeth a bananas yn unig. O fis Mai hyd Hydref y flwyddyn honno gweithient chwe diwrnod yr wythnos, a'r unig seibiant a gawsant oedd mynd i gael sbectol newydd i'r cynorthwywr. Gorffennwyd y gwaith.

## Gwlad y Basg

Roedd gan Llewelyn Thomas, yr ieithydd, y clerigwr, a'r bardd o Gaernarfon, ddiddordeb dwfn mewn cyfieithu'r Ysgrythur. Bu'n cywiro Beibl Cymraeg 1880 i Gymdeithas y Beibl, a gwnaeth ei orau i ennyn diddordeb y Gymdeithas mewn fersiwn o'r Ysgrythur yn iaith y Basgiaid. Yr hyn a hawliodd ei sylw oedd y llawysgrifau a ddiogelwyd yng Nghastell Shirborne, swydd Rhydychen. Rhestrir tair ohoynt, sef darn o'r Hen Destament yn iaith y Basg; Gramadeg, a Geiriadur Lladin-Basg. Daeth y rhain, ac ysgrifau eraill, a fu ym meddiant Edward Lluyd a Moses Williams, i ddwylo William Jones, FRS, tad Syr William Jones, a throsglwyddodd ef hwynt i'r Arglwydd Macclesfield. Ym 1807, cafodd y Parch. Samuel Greathead, LMS, a Chymdeithas y Beibl, fenthyg llawysgrif yr Hen Destament, a gwneud copi ohoni.

Cyhoeddwyd argraffiad o'r Hen Destament (Souletin), ym 1859, ar gost y Tywysog Louis-Lucien Bonaparte, a'r Tywysog a Syr John Rhys, cyd-ddarlithydd gyda Llewelyn Thomas yn Rhydychen, a adnewyddodd y diddordeb yn llawysgrif yr Hen Destament.

Roedd ef yn llawn brwdfrydedd i gael fersiwn yn iaith y Basgiad. Gohebai â Chymdeithas y Beibl, a phwyso arnynt gefnogi'r gwaith, ond i arbenigwyr y Gymdeithas roedd y llawysgrif yn ormod o 'curiosity', heb werth cenhadol. Anghytunai Llewelyn Thomas. Anfonodd tua 30 o benodau o lyfr Genesis i ffrind, er mwyn cael ei farn yntau, ond ni wyddys beth oedd yr ymateb. Roedd ymateb Cymdeithas y Beibl yn siom i Llewelyn Thomas. Gwnaeth ef ei hun baratoi'r gwaith ar gyfer y wasg, ac ymddangosodd ym 1894. Ysgrifennodd gyflwyniad yn rhoi hanes cyfieithu'r Ysgrythur i iaith y Basgiaid, a danfonodd gopi i Gymdeithas y Beibl.

# CYFIEITHU'R GAIR: POLISÏAU AC EGWYDDORION

Yn ôl R. B. Girdlestone, goruchwyliwr Cymdeithas y Beibl, roedd dwy ystyriaeth yn hawlio sylw'r cyfiethydd. Dylai ystyried ei gyflwr ysbrydol a meddyliol ef ei hun, a hefyd natur yr Ysgrythurau, gan eu bod 'the inspired records of God's truth'. Dylid wynebu'r dasg yn amyneddgar, 'in reverent, loving, humble dependence on the Holy Spirit'. Ar sail hyn gellid defnyddio pob cymorth posibl, gwaith y rhagflaenwyr; y testunau Hebraeg a Groeg; fersiynau yn iaith y cyfieithwyr, a geiriaduron. Os nad oedd defnyddiau ar gael y ffordd orau oedd dyfeisio dulliau i safoni'r iaith, ond bob amser o dan arweiniad yr Ysbryd Glân.

### Y wyddor, yr orgraff, a geirfa.

Os nad oedd iaith ysgrifenedig ar gael roedd yn amhosibl cyfieithu'r Ysgrythur. Wynebodd Thomas Bevan a David Jonens y broblem hon ym Madagascar. Gwnaethpwyd peth gwaith gan y cenhadon Pabyddol, a pharatowyd *Geiriadur* gan Frobervill, gwaith a adawyd yng ngofal y llywodraethwr Prydeinig, Farquhar. Gwnaeth David Jones ei orau i feistroli sawl iaith, Hebraeg, Groeg, Ffarsi a'r Falagaseg. Cymhlethwyd y sefyllfa oherwydd bod y brenin Radama yn dysgu Ffrangeg, a bod ambell un wedi cael gafael ar y wyddor Arabeg. Yn y materion hyn i gyd, fel yn Nahiti, roedd barn y brenin yn holl bwysig. Nid oedd yn bosibl penderfynu dim yn derfynol heb ei gydsyniad ef. Trafodai David Jones y materion perthnasol gyda'r brenin, a'r ddau ar wahân yn ysgrifennu'r un geiriau, ac yna yn eu cymharu. Pan gyrhaeddodd David Griffiths gwnaeth yntau hefyd awgrymiadau sut i ffurfio'r iaith. Atgofiwyd ef gan David Jones, iddo yntau a Thomas Bevan wneud y trefniadau angenrheidiol, ac y dylid eu hystyried. Roedd chwech o bwyntiau yn y cytundeb, yn cynnwys y rhain:

> That we adopt the Roman characters in writing the Malagash language
>
> That we appoint and establish the following characters to stand for the vowels viz English aa, a, e,  o,  u, oo Malagash  a e,  i o   u   u

Cytunwyd ar y cytseiniaid hefyd. Pwysleisiodd David Jones y trafod gyda Thomas Bevan, a dweud, 'Mr Bevan attended to the same [Geirfa], as long as he lived. I have one of his Vocabularies written according to the above rules'.

Roedd gan David Jones ddigon o wybodaeth, a medrai ddyfynnu Alexander Murray a Samuel Johnson i gefnogi ei farn. Gwnaeth David Griffiths dderbyn yr awgrymiadau am y cytseiniaid, ond awgrymodd un newid gyda'r llafariaid, sef defnyddio 'cara' yn lle 'tsara'. Bu cytundeb rhwng y brenin a'r cenhadon, ar wahân i John Jeffreys, a gafodd gefnogaeth Mr Hastie, cynrychiolydd Prydain ym Madagacar. Awgrymodd y brenin ddefnyddio llafariaid Ffrangeg a chytseiniaid Saesneg, ond pwysleisiodd mai efe a'r cenhadon oedd i wneud y gwaith heb ddylanwadau allanol. Nid oedd taw ar wrthwynebiad John Jeffreys. Gwrthododd awgrym David Jones y dylid cymryd amser i weddïo er mwyn dod i ddealltwriaeth, a'r Sais yn anhapus hefyd ynglŷn â'r defnydd o'r 'w' fel llafariad. Atgofiodd David Jones ef ei bod yn llafariad yn yr iaith Saesneg. Nid oedd y awdurdodau yr LMS yn hapus gyda'r trafodaethau, a'r defnydd o'r 'Welsh w'. Danfonwyd llythyrau at y cenhadon, a mynegwyd eu hymateb hwythau: Ond fe orffennwyd y gwaith. Tipyn o gamp oedd hyn. Mewn llawenydd y dywedodd y cenhadon:

There are only one vowel and one consonant changed from what we aimed at in the beginning. We have just received letters from the Directors abusing and degrading us under the cloak of parental affection for our adopting the Welsh w for the sound of <u>oo</u> in this language – and with papal infallibility they have made the most sarcastical remarks and orders. They would better take it gently or else we shall soon bid them good bye as we know what we can do independent of them. We are afraid that a fire will break out between us and them.

Gwnaeth y dyfalbarhau ddwyn ei ffrwyth. Cyflwynwyd pymtheg cyfrol o'r gwaith gorffenedig i'r brenin.

Rhydd Thomas Jones, Casia, gipolwg ar yr anawsterau yn y wlad honno. Cyflogodd ddau lanc i'w gynorthwyo am dâl o chwech Rupee y mis, er mai'r tâl arferol oedd 16 i 20 Rupee y mis. Ychydig iawn o Saesneg oedd ganddynt ac ni wyddent ddim am ramadeg eu hiaith. Dull Thomas Jones oedd adrodd geiriau Saesneg iddynt, a hwythau'n rhoi'r geiriau cyfatebol yn yr iaith Casi. Ar ôl dysgu'r ffordd i'w hynganu, ysgrifennai y cenhadwr hwy yn nhrefn y wyddor a gwneud rhestr yn sail i ramadeg. Mentrodd hefyd ar frawddegau.

Gwaith anodd oedd hwn, a bu'n rhaid i Thomas Jones ddefnyddio pob math o ystumiau er mwyn egluro ei hun iddynt. Ar brydiau, gorfodwyd ef i alw am gymorth oddi wrth y gwylwyr, a fyddai'n bresennol bob amser ac yn sylwi ar bopeth. Gofynnai i sawl un seinio'r geiriau er mwyn dod o hyd i'r dull gorau. Os oedd ansicrwydd y cenhadwr a fyddai'n gwneud y penderfyniad terfynol. Defnyddir y dull 'trwy ystum' o hyd. Er enghraifft o 11 o'r ieithoedd cyntaf a astudiodd cyfieithwyr Wycliffe ym Mrazil dysgwyd saith ohonynt 'by gesture', 'Situations still exist where this is the only or preferable way to get started'.

Mantais aruthrol oedd cael cyfraniadau y brodorion eu hunain yn y gwahanol wledydd. Roedd Llydaw yn ffodus iawn i gael gŵr fel Gonidec i gyfieithu'r Ysgrythur. Medrai John Jenkins elwa ar ei waith. Lluniodd y Llydawr *ABK*, sylfaen ei waith i'r dyfodol. Cyfeiria R. J. Hincks at ddylanwad Le Gonidec, 'Hwn yw'r gwaith gramadegol cyntaf y derbynir ynddo ddiwygiadau orgraffyddol Le Gonidec, a chan ei bod yn debyg bod Jenkins wedi defnyddio gramadeg hwnnw i ddysgu'r Llydaweg, nid yw'n syndod iddo ddilyn egwyddorion Le Gonidec'. Gwnaethpwyd ymdrech arbennig i ddiogelu'r ieithoedd brodorol. Roedd America Brydeinig, fel Llydaw, yn ffodus iawn i gael un o'i phobl i gyfieithu. Gwelai Peter Jones y perygl o gyfeiriad y Ffrangeg a'r Saesneg. Gwyddai'n iawn y byddai'n anodd i rywun o'r tu allan feistroli dirgelion iaith y Chippeway.

Yn ei ran ef o Affrica medrai'r bobl dddeall Swahili a Kijuha, ond i D. P. Jones, roedd hyn yn fygythiad i'r iaith frodorol, a mynegodd ei farn yn glir ynglŷn â'r Swahili, 'Most anxious that Swahili be done away with as soon as possible'. Pitïo'r Biloches a wnaeth Arthur Lewis yng ngogledd-orllewin India, oherwydd bod cyn lleied ohonynt yn medru darllen ac ysgrifennu, a'r rhai a fedrai wneud hynny yn drwm o dan ddylanwad yr Urdu. Ac yng Nghorea, Tsieineg oedd yr iaith lenyddol, ac awgrym Evan Bryant i ddiogelu iaith Corea oedd cael Testament dwyieithog, a gwnaethwyd defnydd o hyn yn Llydaw hefyd. Roedd cytundeb ymhlith y gweithwyr ynglŷn â'r famiaith, ar wahân i Hugh Roberts yn Llydaw. Yn ei farn ef gwnaeth polisi iaith Ffrainc greu sefyllfa debyg i'r 'Welsh Note' yng Nghymru. Dylid cymharu, nid Cymru â Llydaw, ond Cymru â Chernyw, 'the analogy between the case of the Welsh and Breton does not apply'.

Dal ei gafael ar gyfieithu i'r Llydaweg a wnaeth y cyfieithwyr yn Llydaw, er mwyn bywhau'r famiaith. Hi yw'r iaith a ddysgu'r o fabandod, neu'r iaith a ddysgu'r yn ddiweddarach os collir y famiaith. Dyma'r cyfrwng i gyfathrebu o fewn cylch ieithyddol, a'r bobl nid yn unig yn deall ei gilydd, ond yn ymwybodol o berthyn i'w gilydd, a bod yr un gorffennol ganddynt,

'A translation of the Bible and native-authored writings in the mother tongue enter the stream of the group's cultural heritage'. A dyma hefyd y drws i genhadwr gerdded drwyddo. Fel y dywedodd un grŵp am un o genhadon Wycliffe, 'He does not need a gun, he can speak our language'. Sylwodd David Jones ar y gwahaniaethau tafodieithol hefyd, fod tair rhanbarth yn debyg, ond Vanne yn wahanol. Roedd yn ofynnol i ystyried hyn yn fanwl wrth gyfieithu. Yn fregus ei iechyd ymgodymodd David Jones â r mater ym Madagascar. Ac o gymharu'r gwahanol dafodieithoedd, dewisodd iaith y brifddinas. Ac un o dasgau Thomas Jones yng Nghasia oedd cymharu'r tafodieithoedd, a 'sefydlu ar ryw lwybr canol a wna'r tro iddynt oll'. Cafodd A. J. Wookey, Affrica, drafferth i alw'r cynrychiolwyr at ei gilydd, er y gwyddai'n iawn y byddai ymateb dim ond eu talu, ond nid oedd y gronfa'n caniatáu hynny. Mewn gwlad enfawr fel Tsieina roedd hyn yn dasg aruthrol, a hyd yn oed ar ôl cael 'Union Version', a fyddai'n dderbyniol yn gyffredinol, roedd yn rhaid cael tri phrif gyfieithiad.

Wrth ystyried ieithoedd gwreiddiol ac iaith y brodorion wynebai'r cyfieithwyr ar broblem geirfa. Yn aml iawn nid oedd gair neu derm ar gael yn yr iaith frodorol, a rhaid oedd ffurfio rai newydd neu trawslythrennu o wreiddiol y Beibl. Rhaid oedd gwneud hynny yn unol â theithu'r iaith frodorol. Yn Nahiti nid oedd geiriau am 'efengyl', 'bedydd', 'wythnos', 'gwenith', 'dameg', a 'teyrnas'. Gwnaeth John Davies a'i gyd-weithwyr ddefnyddio geiriau o'r Lladin, Saesneg, Groeg a Chymraeg. Er enghraifft, i gyfleu 'efengyl' defnyddiwyd y gair Groeg a newid y cytseiniaid er mwyn galluogi'r brodorion i ynganu'r gair. A dyna a wnaeth Peter Jones hefyd gyda'r gair 'bedydd'.

Nid oedd Thomas Price yn fodlon ar agweddau o gyfieithu Le Gonidec. Ceisiodd ef buro'r iaith, ond y canlyniad oedd fersiwn na fedrai'r bobl gyfffredin ei ddeall. Gwell ym marn y Cymro fyddai defnyddio termau Saesneg ar brydiau. Ni ddylid defnyddio ffurfiau dieithr ac anghyfarwydd, 'uncommon and obsolete Breton words', ond yn hytrach, 'foreign words which are in vogue and well understood by the generality of the people'. Ond nid oedd Thomas Price am fynd i'r eithaf arall i ddull Le Gonidec; roedd eisiau gofal bob amser. Y peth pwysig oedd galluogu'r bobl i ddeall yr Ysgrythur er mwyn dod i ffydd yn Iesu Grist. Dilyn Le Gonidec a wnaeth James Williams, a dilyn Thomas Price a wnaeth John Jenkins. Defnyddiai William Lewis, Casia, ddull cyfansawdd, hynny yw, cydio geiriau wrth ei gilydd. Yn aml nid oedd yn bosibl cael un gair i gyfieithu gair Groeg. Yr ateb oedd 'to agglutinate', 'The sense could not have been obtained in any other way unless by writing it in several separate words, which form would not be nearly so convenient as the Compound one'. Mynegodd Ednyfed Thomas ei werthfawrogiad o waith William Lewis. Pwy sydd i gyfieithu?

Yn ystod y bedwaredd ganrif ar bymtheg cynyddodd yr argyhoeddiad mai panel neu bwyllgor a ddylai fod yn gyfrifol am gyfieithu. Dyna farn Cymdeithas y Beibl, a fynegwyd yn ystod y dadleuon yn Tsieina. Cyfeiriodd G. P. Fitch at y 70 oedd yn gyfrifol am yr LXX, y fersiwn Goeg o'r Hen Destament; a'r nifer fawr o gyfieithwyr y Fersiwn Awdurdodedig ['Authorized Version', 1611] a'r cwmni llai a fu'n gweithio ar y 'Delegates' Version'. Atebwyd ef gan Griffith John, a ddeliodd yn fanwl â'r cyfieithiadau a nododd Fitch. Roedd yn barod i ymuno yn y dadleu. Gyda hyder, sy'n angenrheidiol efallai i wynebu tasg anodd, dywedodd y Cymro, 'I believe in my own version'. Roedd yn barod i gyflwyno ei waith i'r dynion gorau, ond ef ei hun fyddai'n dewis yr aelodau. Gwahanol oedd barn Evan Bryant, er iddo ef am gyfnod gefnogi barn Griffith John. Dadleuodd Bryant dros gael panel i wneud y gwaith, 'Experience has shown that a version of the Scriptures made by one man is not likely to become a common version, acceptable to all the Protestant Missionaries'.

Erbyn hyn daeth gwaith panel yn 'sine qua non' of a dependable Bible translation'. Mae llu o resymau dros weithredu felly. Mae'n bosibl i un person fod yn rhagfarnllyd, a gall lynu wrth ei farn ef ei hun. Gall cwmni drafod a chymharu nodiadau. Gellir cydnabod anawsterau yn rhwyddach, a diogelu amrywiaeth arddull.

## A sut mae cyfieithu?

Roedd yn bosibl mabwysiadu sawl dull o gyfieithu. Nid oedd amheuaeth gan Griffith John sut y dylid gweithredu. Mynegodd ei argyhoeddiad:

> Aim at making the version an exact image of the original. Where a translation ad verbum would result in an obscuration or a perversion of the author's meaning, abandon a literal translation and translate ad sensum. In doubtful passages a version ad sensum is to be preferred to a literal translation. In all cases consult the genius of the language in which the version is made, and let its characteristic qualities rule as far as faithfulness to the truth and exactness of interpretation will permit.

Cytunai George S. Owen â Griffith John. Mynegodd deimladau cryf yn erbyn y cyfieithu llythrennol. Cymhlethwyd y gohebu gan Dr Chalmers, a fynnai ddadlau dros gyfieithu yn y dull hwnnw. Yn ôl y Cymro, roedd yn dda nad oedd Dr Legge yno, person a fyddai wedi chwalu syniadau Chalmers yn ddarnau. Gyda gofid y dywedodd George S. Owen, 'Unfortunatley literalism is in the air here just now'.

Ym Mhrydain ymddangosodd y Fersiwn Diwygiedig, ['Revised Version', 1885] yn y dull llythrennol, ond gwell gan Griffith John a Georg S. Owen oedd dilyn John Purvey, a bwysleisodd mai bod yn ddealladwy oedd yn bwysig. Ymhelaethodd Griffith John ar ei argyhoeddiad:

> To translate is to carry ideas and thoughts from one language into another; and a true version is one in which the ideas and thoughts are translated

in harmony with the genius and laws of the other language, and with the fulness, force and beauty possible to it as a medium. It is hardly necessary to observe, that a perfect translation into any language is impossible.

Yn ôl Beekman a Callow mae pedwar dull o gyfieithu, y llythrennol; y lled-lythrennol; idiomatig, a rhydd, ond yr ail a'r trydydd sydd i'w cymeradwyo. Dyma'r ffyrdd i fod yn ffyddlon i'r gwreiddiol, 'A translation which transfers the meaning and dynamics of the original text is to be regarded as a faithful translation'. Ceir crynodeb o'r egwyddor sylfaenol yn y geiriau hyn, 'As free as possible, as accurate (faithful) as possible'. Fel y dangosodd Isaac Thomas, roedd hyd yn oed William Salesbury, cyfieithydd llythrennol, yn ymwybodol o'r broblem. Ni gadwodd at un dull o gyfieithu, 'Ar ben hyn, y mae'n dal i fritho ei waith â'r hyn a ystyriai yn amrywiad sain mewn sillafu'. Bathwyd y term, 'dynamic equivalent', i ddisgrifio'r dull 'ad sensum'.

Cyfeiriodd y cyfieithwyr at enghreifftiau a oedd yn eu barn hwy yn anffodus. Tynnodd Griffith John sylw at gyfieithiad Bridgeman, ac yn y Saesneg dyma a fyddai ei gyfieithiad o Math. 26:52, 'Return the sword to its old place', a allai olygu 'Native country'. A dyma oedd ei gyfieithad o Ioan 8:15, 'Ye judge man after meat'; cyfieithiad oedd yn 'nonsense to the Chinese mind'. Yn Llydaw syndod i A. Ll. Jenkins oedd y cyfieithiad o'r Ffrangeg o 1 Corinthiaid 13:7, 'charity does not turn sour', ac ychwanegodd Jenkins, 'as milk might do'.

Ac wrth ddiwygio'r Ysgrythur yn Affrica daeth A. J. Wookey ar draws y cyfieithiad hwn o Math. 1:20, 'for the things by which she has become pregnant comes out of the Holy Ghost'. Pwysleisiai Griffith John, ac eraill, y pwysigrwydd o fod yn ddealladwy. Nid cyfieithu ar gyfer yr ysgolheigion oedd y nod, ond yn hytrach cael y bobl gyffredin i ddarllen y Beibl. Os nad oedd y brodorion mewn gwlad arbennig yn deall, yna ofer oedd y cyfieithu. Canmolwyd cyfieithiad Mandarin Griffith John,

'It is better colloquial Mandarin than the current northern Mandarin'. Arferai Evan Bryan gyflwyno cyfieithiadau i weision er mwyn cael eu hymateb. Ar un o'r achlysuron hynny, gofynnodd i was ddarllen Luc, pennod 15, 'he did so with comparative ease (which, by the way Scholars cannot, beause of their unfamiliarity with the vernacular characters)'.

## Y testun a'r cynorthwyon

Roedd peth anghydweld ynglŷn â phwy oedd i gyfieithu, a mwy o anghydweld ynglŷn â'r dull o gyfieithu. Ond pa fersiwn oedd i'w ddefnyddio fel sail y gwaith? Glynu wrth y 'Textus Receptus' a wnaeth Cymdeithas y Beibl ar hyd y bedwaredd ganrif ar bymtheg, er i hynny greu anhawster mewn sawl gwlad. Ceryddwyd sawl cyfieithydd am beidio a dilyn y Roeg. Daeth y testun i fod trwy gyfraniadau llawer o bobl yn ystod yr unfed ganrif ar bymtheg, ond nid oedd dynion fel Luther ac Erasmus yn dibynnu ar y Roeg bob amser. Yn Llydaw yr unig sail posibl i'r cyfieithu oedd y Fwlgat, sef y fersiwn Lladin. Atgofiodd Le Gonidec Gymdeithas y Beibl o'i gytundeb gyda David Jones:

> I must observe afresh that I engaged upon the principle – personally with Mr David Jones – of producing a Catholic Bible, and not a Protestant one, that further the Bible Society itself was the first to authorize me to refer to the version of Dr Sacy [oedd yn cynnwys yr Apocryffa], on all occasions, when I found any difficulty respecting the sense in which it might be necessary to take a Latin passage which puzzled me.

Ac felly rhaid i Gymdeithas y Beibl ddal at y cytundeb.

Yn wahanol i Le Gonidec roedd John Jenkins yn Roegwr. Medrai werthfawrogi'r 'Textus Receptus', a fersiynau eraill. Gwnaeth ddefnydd o waith Griesbach a Scholz, ond hysbysodd Gymdeithas y Beibl iddo gynnwys yr adnodau dadleuol, Math. 6:13; Actau 8:37, ac 1Ioan 5:7, yn unol â'r fersiwn Saesneg awdurdodedig. Mae'n siŵr bod hyn yn dderbyniol i'r Gymdeithas, ond roedd yn awyddus i bwysleisio ei pholisi, felly dywedodd os oedd cyfeiliorni, 'That he be requested to restore the received text'. Sicrhaodd John Jenkins yr awdurdodau yn Llundain ei fod yn ofalus gyda'r geiriau ychwanegol, a'i arfer oedd eu nodi mewn llythrennau italig megis yn y fersiynau Saesneg a Ffrangeg. Fel John Jenkins, gwnaeth David Jones a David Griffiths defnydd o Griesbach, a gwnaethant hwythau hefyd gynnwys yr adnodau dadleuol.

Ac yn Nahiti, beirniadwyd Henry Nott am ddefnyddio Boothroyd ar yr Hen Destament, a Boothroyd, Campbell a Macknight ar y Testament Newydd. Amddiffynwyd ef gan John Davies. Dylid cofio i Nott wneud ymdrech i astudio'r gwahanol fersiynau er mwyn eu cymharu â'r 'Textus Receptus'. Hefyd diwygwyr fersiwn Nott oedd yn gyfrifol am rai o'r gwendidau. Gadawsant allan nifer o eiriau bychain y dylid eu cynnwys mewn italig, y pwynt a wnaeth John Jenkins yn Llydaw. Ac yn sicr ni wnaeth y diwygwyr gadw at y 'Textus Receptus', wrth gyfieithu Math. 21:7, a 23:25.

Ymhlith y Cymry, George Palmer Davies a drafododd y mater yn fwyaf manwl. Aeth ef i'r Almaen mewn cyfnod o newidiadau arwyddocaol mewn diwinyddiaeth ac astudiaethau beiblaidd. Nid oedd y wlad yn ddieithr iddo, oherwydd cafodd beth o'i addysg yno. Aeth eraill o Gymru i'r Almaen hefyd, T. W. Jenkyn, yr Annibynnwr; Benjamin Davies, y Bedyddiwr, a J. Harris Jones y Methodist Calfinaidd. Aeth Davies a Jones i Glasgow hefyd, a dyma sianel arall i ddylanwadau'r Cyfandir gyrraedd Cymru. Ac yng Nghaeredin gwnaeth Lewis Edwards gyfarwyddo â syniadau o wledydd eraill, a chyfrannodd ef yn helaeth i'w cyflwyno i'w gyd-Gymru, yn arbennig twy'r *Traethodydd*. Yng Ngholeg Caerfyrddin rhoddwyd lle i'r Almaeneg, a Vance Smith a Thomas Nicholas yn awyddus i ddatblygu'r wedd hon.

Enillodd George Palmer Davies barch amryw o ysgolheigion amlwg, yn cynnwys Delitzch a Godet. Roedd mewn cysylltiad agos â hwy. Gwnaeth y Cymro yn siŵr ei fod yn deall y datblygiadau mewn beirniadaeth destunol a beiblaidd. Darganfuwyd rhai llawysgrifau newydd, a ffrwyth yr astudio oedd cymeradwyo testun gwahanol i'r 'Textus Receptus' ar sail y llawysgrifau oedd wedi eu dosbarthu yn ôl teuluoedd. Gwnaethpwyd hyn yn arbennig gan Westcott a Hort, er bod Griesbach wedi arloesi yn y maes hwn, a'r gŵr a barchai George Palmer Davies yn fawr, Samuel Tregelles, ysgolhaig oedd yn ofalus iawn gyda'i waith. Ymwelodd â Rhufain i astudio llawysgrif bwysig y'Fatican', ond helbulus iawn a fu ei arosiad. Cadwyd ef i ddisgwyl am wythnosau cyn cael caniatâd i'w gweld. Mewn llythyr at Eben Fardd dywedodd Tregelles, 'I find today at last that they will not let me collate the MS which I have particularly wanted to examine'. Elwodd yn fawr, er hynny, trwy eu hastudio. Ar ôl dychwelyd o'r Eidal, parhaodd yn ddyfal gyda'i astudiaethau; edrych ar y llawysgrifau, a chysylltu â ffrindiau.

Yn ei gyfnod cynnar derbyn y 'Textus Receptus'a wnaeth Georg Palmer Davies. Y testun oedd sail y Beiblau a ddefnyddid yn y pulpud, ac yn yr ysgolion. Ofnai y byddai gormod o chwalfa wrth newid y testun, a beth bynnag, golygau aros yn hir cyn cael un wrth fodd y mwyafrif o feiriniaid beiblaidd. Yn raddol newidiodd ei feddwl. Argyhoeddwyd ef yn derfynol yn ystod 1866-7. Cafodd gyfle i gwrdd unwaith eto â'r Athro von Tezschuitz, gŵr y bu mewn cysylltiad ag ef yn Frankfurt. Gwahoddodd yntau ei gyd-athro, F. Delitzch i ymuno â hwynt. Nid oedd amheuaeth gan y tri y dylid dewis testun ar wahân i'r 'Textus Receptus'. Ar ôl sôn am y cytundeb, ychwanegodd y Cymro:

> I fully believe that the Theological Faculties of the German Universities would if consulted be unanimous in disapproving of our practice & of the pastors I can only say I have never met one who gave his approval.

Rheswm arall am awydd George Palmer Davies i newid oedd ei barch at Tregelles, yntau yn ysgolhaig, a hefyd yn geidwadol ei ddiwinyddiaeth. Gohirio trafod a wnaeth Cymdeithas y Beibl, a dim ond mor ddiweddar â 1901 y derbyniodd hi y Fersiwn Diwygiedig fel testun arall.

Er bod gwahanol farnau ynglŷn â'r testun, roedd cytundeb bod eisiau cynorthwyon wrth gyfieithu. Gwas defnyddiol iawn oedd y 'Lexicon'. Un o'r rhai poblogaidd oeodd gwaith J. Parkhurst ar yr Hebraeg. Pan gollodd David Jones, Madagascar, amryw o'i lyfrau, danfonodd at yr LMS i ofyn am gopïau o 'Arabic Dictionary (Richardson), Arabic Bible, Dwight's Body of Divinity, Taylors Hebrew Concordance, a Calmet's Dictionary of the Bible'. Ymhlith yr esboniwr, enwir Moses Stewart; J. Pye Smith; Alexander Maclaren, a'r mwyaf amlwg Edward Robinson. Roedd ei weithiau yn hysbys i William Lewis, a Hugh Roberts, Casia, ac i Lewis Edwards yng Nghymru. Un o gyfrolau dylanwadol Robinson oedd y *Cysondeb*. Roedd yn ymgais gyfrifol i gysoni hanesion yr Efengylau, gan gaolbwyntio'n arbennig ar ystyr gwahanol eiriau. Derbyniodd yr awgrym mai Efengyl Marc ysgrifennwyd gyntaf, a gwnaeth hyn yn sail i'w waith. Dyma beth mentrus yn y cyfnod hwnnw. Er iddo dderbyn trefn hanesyddol James Ussher, Archesgob Armagh, nid oedd yn ddogmatig gyda dyddiadau. Ni chredai, er enghraifft, mai ym mis Rhagfyr y ganed yr Iesu.

## Ystyriaethau athrawiaethol

Argyhoeddiad sylfaenol y cyfieithwyr wrth gyfieithu oedd, y dylid diogelu datguddiad Duw yn yr Ysgrythur. Ni flinent ar bwysleisio bod y Beibl yn Air ysbrydoledig Duw. Ar sail hyn dywedent fod tair ystyriaeth, sef, derbyn y Beibl fel gair Duw; gweld Iesu Grist yn ganolbwynt y gwirionedd, a deall yr Hen Destament yng ngoleuni'r Testament Newydd, hynny yw, ei ddeall yn Feseannaidd. Trafodwyd amryw o'r cyfeiriadau Meseannaidd. Gwnaeth George Palmer Davies anghydweld â fersiwn yr Iddew Zuns, ond cadarnhau barn y Cymro a wnaeth Keil. Dyma rai engrheifftiau:

Genesis 49:10. Zuns yn dweud mai cyfeiriad at le sy'n yr adnod. George Palmer Davies yn anghydweld ac yn dweud mai cyfeiriad at berson sy'n yr adnod.

Salm 45:7, Mewn llythyr at Girdlestone, Cymdeithas y Beibl, yn dweud, 'I also had noticed this passage as having a bearing on the Unitarian controversy'. A dyfynnnodd Delitzch i'w gefnogi, 'Thy throne, Elohim, endures for ever'.

A Salm 16:10. Dadleuai Delitzch a Gesenius dros y pwyslais 'cadw'r enaid allan o'r bedd', ond Girdlesone a Davies yn anghydweld, 'But on the day of Pentecost Peter most surely had the Hebrew text, not the Septuagint translation in mind, and must therefore have understood the Hebrew in the sense of corruption & the Psalm to refer to a leaving in the grave not to keeping out of ther grave.'

Roedd oblygiadau athrawiaethol wrth gyfieithu gair arbennig, megis 'cyfiawnder'. Tynnodd A. Ll. Jenkins, Llydaw, sylw at gyfieithiad Le Coat o'r gair yn Rhuf. 9:30-1. Digwydd y gair bum gwaith yn y ddwy adnod. O dan ddylanwad y Ffrangeg dewisodd y cyfieithydd y ddau air 'gwirionedd', a 'cyfiawnder', a'u cymysgu; collwyd y pwyslais ar gyfiawnder. Enghraifft arall oedd y gair 'edifeirwch'. Y gair a ddefnyddiodd Le Gonidec yn ei gyfieithiad yntau oedd 'penyd', e.e. Math. 3:2. Beirniadodd Thomas Price (Carnhuanawc), y cyfieithiad, a datgan ei farn mai gwthio 'penyd' a wnaeth i'w waith ar sail y Fwlgat. Dilyn y gair Groeg oedd y dewis gorau. A gwrthwynebai Price hefyd gyfieithu 'Calvaria', fel Calfaria, dylid yn hytrach ddefnyddio 'lle'r benglog' Ni fedrai gyfiawnhau'r llu calfarïau oedd yn Llydaw.

Llawer mwy cymhleth oedd y trafod ar y gair 'bedydd'. Bu cryn dyndra rhwng Cymdeithas y Beibl a Chymdeithas Genhadol y Bedyddwyr. Gwnaeth y Gymdeithas Genhadol gais am gymorth oddi wrth Gymdeithas y Beibl i gyhoeddi Testament Newydd Bengali a chytunodd hithau ar amod:

> Provided that the Greek terms relating to Baptism be rendered either according to the principles adopted by the translators of the authorized English version, by a word derived from the original, or by such terms as may be considered unobjectionable by the other denominations of Christians composing the Bible Society.

Ni fodlonwyd Cymdeithas Genhadol y Bedyddwyr, a chyflwynodd 11 o bwyntiau i ystyriaeth Cymdeithas y Beibl. Dyma'r rhai pwysicaf. Ni ellid cysoni bod yn ffyddlon i'r Roeg a chael cyfieithiad 'unobjectable to other denominations'. Dyma lwybr a fedrai arwain 'to the sacrifice of conscientious conviction on the altar of secular expediency'. Peth ffôl oedd cyflwyno gair newydd na fyddai'n golygu dim byd i'r Bengaliaid. Atgofiwyd Cymdeithas y Beibl bod y berthynas rhwng y ddwy gymdeithas yn iawn yn amser William Carey. Pam newid yn awr? Oherwydd diffyg cytundeb ffurfiodd y Bedyddwyr gymdeithas arall, 'The Bible Translation Society', a chyhoeddi gyda pedantrwydd bod rhaid cyfieithu, 'by terms signifying immersion'.

Yr un oedd yr hanes yn Tsieina, Marshman yn cyfieithu 'to immerse', ond Morrison yn dewis gair niwtral. Roedd Evan Bryant a George S. Owen yn fodlon ar y gair 'sisili', yn rhoi 'immerse', 'sprinkling', 'pouring', 'dipping', with a leaning to immersion'. Ac er bod y Bedyddwyr yn dal at 'immersion', roedd George S. Owen yn dal i wrthwynebu, ond erbyn 1904 yn rhoi'r pwyslais ar 'washing ceremony'.

Un o nodweddion yr iaith ym Madagascar oedd yr amwysedd ynglŷn â'r rhagenw. Defnyddiwyd llythyren fawr wrth gyfeirio at bersonau'r Duwdod. Nodwyd er hynny bod dau anhawster. Gan fod anicrwydd ynglŷn â'r cyfeiriadau at Grist yn yr Hen Destament, gallai hyn greu penbleth wrth benderfynu pryd i beidio a defnyddio rhagenw. Anodd hefyd fyddai dilyn awgrym arall a wnaethpwyd, sef cyfyngu hyn i'r cyfeiriadau at Dduw'r Tad, ond canlyniad hyn fyddai gwanhau'r pwyslais ar ar y ddau berson arall yn y Duwdod.

Ceisiodd y cyfieithwyr sicrhau'r cyfieithiad gorau posibl, ond y dasg oedd gwneud hynny mewn amgylchiadau arbennig. Mewn gwlad lle roedd addoli'r duwiau yn hanfod y grefydd, nid oedd y cyfieithydd am dramgwyddo'n ddiangenrhaid, ond roedd am ddiogelu hefyd arbenigrwydd y datguddiad Cristnogol. Y peth olaf a ddymunai oedd i'r brodorion feddwl am Dduw y nhermau eu duwiau. Ac eto roedd yn rhaid dewis termau a oedd eisoes yn ystyrlon i'r brodorion yn ddiwylliannol a chrefyddol.

Fel y nodwyd eisoes, bu cytundeb athrawiaethol o fewn Cymdeithas y Beibl a Chymdeithas Genhadol Llundain. Cyn diwedd y bedwaredd ganrif ar bymtheg roedd arwyddion clir o newid. Roedd Cymdeithas y Beibl yn geidwadol yn ei hagwedd at yr Ysgrythur, fel y mynegwyd gan R. B. Girdleston, a William Wright, 'We believe in the inspiration of the Scripturest but we do not define its mode. It is enough for us to circulate the Word that has gone forth out of God's mouth. We believe in the sufficiency of Scriptures to carry light to the soul', ond medrai ysgolhaig fel S. R. Driver, ac un o gefnogwyr Cymdeithas y Beibl, dderbyn ysbrydoliaeth y Beibl, ac esbonio hyn yn groes i farn draddodiadol Cymdeithas y Beibl.

A digwyddodd yr un peth ar y maes cenhadol tramor. Pan dderbyniwyd D. P. Jones gan Gymdeithas Genhadol Llundain, derbyniodd gredo oedd yn cynnwys datganiad am yr Ysgrythur, 'including amongst other items belief in the inspiration of the Bible, and the acceptance of its moral teaching and its historical records as divine and therefore infallible'. Danfonodd y cenhadwr lythyr at yr LMS yn egluro iddo newid ei feddwl ynglŷn â'r Beibl. Nid oedd yr Hen Destament yn ysbrydoledig, nac yn air

Duw fel yr hawliodd y ddiwinyddiaeth draddodiadol. Yn Affrica, gwelodd y bobl yn datblygu a mynegi'r un syniadau â phobl Israel gynt, 'ordinary and explainable events or appearances were magnified to supernatural phenomena just as in the case in this part of the world at the present day'. Argyhoeddwyd ef bod derbyn y ffordd newydd o feddwl yn gwbl angenrheidiol ar gyfer cyfieithu a chenhadu.

# Pennod 5

# DOSBARTHU'R GAIR

## Teithiau arbennig

Trefniant hapus iawn oedd cael y cenhadon a gweithwyr y Beibl i rannu'r baich. Roedd canghennau cynorthwyol Madras a Chalcutta yn effro i'r drefn hon. Mewn cysylltiad â Madras gwnaeth y Parch. E. Lewis ac E. J. Evans waith gwerthfawr, a thri a wnaeth waith da mewn cysylltiad â Chalcutta oedd William Lewis, Thomas Morgan a William Pryse. Yn hanes William Pryse nodir yn arbennig y teithiau yn ystod 1853 ac 1858. Trefnwyd y daith ddiwethaf yn ystod y 1857, ond gohiriwyd dros dro oherwydd y gwrthryfel yn Dacca. Pan ddaeth y cyfle ym 1858 mentrodd Pryse ar daith yng nghwmni dau gynorthwywr. Gwnaethant ddefnydd o'r marchnadoedd; gwneud ymgais hefyd i gyrraedd swyddogion yr ardaloedd, a rhai tirfeddianwyr. Pobl anodd oedd y swyddogion, yn ymwybodol iawn o'u dibyniaeth ar eu cyflogwyr, ac yn amharod i wneud dim a fyddai'n colli eu ffafr. Nid ar chwarae bach y byddai'r tirfeddianwyr yn newid eu hagwedd. Glynu wrth drefn oedd y peth mawr iddynt hwy, er bod ambell un yn araf bach yn dod i weld gwerth addysg.

Yn ei adroddiad i Galcutta nododd Pryse bedwar peth arwyddocaol. Yn gyntaf, anallu'r bobl i fod yn rhesymol a rhesymegol, 'difficult to decide whether reason was not wholly displaced by instinct'. Ym marn Pryse roedd y tywyllwch yn waeth na chyfnod du y Babyddiaeth yn y Canol Oesoedd. Yn ail, roedd problem moesoldeb. Trefn y pentref neu'r llwyth oedd yn cyfrif, trefn oedd yn tagu dewis gwirfoddol a barn bersonol. Aeth yr unigolyn ar goll yn y llwyth. Y trydydd peth a hawliodd sylw Pryse oedd allanolion crefydd a diffyg gwir ysbrydolrwydd. Dyma oedd yn wir am yr Hindŵ a'r Moslem. A phwysleisodd Pryse y pwynt olaf, 'The most formidable difficulty in my humble opinion is the immobility and servility of Asiatic society'. Gwelodd y brodorion fel cylchoedd o bobl, a phob cylch yn cael ei lywodraethu gan y 'Zemindee' (yr arglwydd), a diogelid pob cylch gan ei athro crefyddol ei hun. Ffyddlondeb i'r arglwydd oedd sail y gymdeithas. Awgrym parod William Pryse oedd:

> Let the majority of the landlords be Europeans, and the spell is at once broken. India will be secured for its Christian rulers, and ultimately for the elevated morality of the Gospel. Without that, the great want which Archimedes felt in Physics, will be morally felt in Bengal.

Siaradai Pryse fel Cristion gobeithiol ac fel Ewropead balch. Dysgodd lawer ar ei deithiau, gwybodaeth a fu'n fuddiol i'w olynwyr, ond ateb simplistig oedd ganddo i'r brif broblem.

Teithiwr diflino oedd Evan Bryant, nid yn Tsieina'n unig ond yng Nghorea hefyd. Yng nghysgod Robert Jermaine Thomas collwyd golwg ar gyfraniad Bryant i waith y Beibl yng Nghorea. Roedd yn deithiwr mentrus. Wrth deithio arferai Evan Bryant sylwi'n fanwl ar natur y wlad ac arferion y bobl. Ar ei ffordd i Ta-Yuen-Fu, prifddinas Shansi, daeth yn fwy ymwybodol o wahanol ddefodau crefyddol Tsieina. Nid mater o wybodaeth yn unig oedd hyn, ond cymorth hefyd i siarad â'r bobl ynglŷn â'r neges Gristnogol. Enwodd yn arbennig y gred mewn demoniaid, a'r arfer o addoli coed. Y duwiau oedd eu hamddiffynfa rhag y demoniaid, ond medrai'r bobl eu dal hefyd. Arferent arllwys olew i sawl jar a'u gosod ar do y tŷ. Roedd yr olew yn atynnu'r demoniaid i'r jar, a'u carcharu yno. Pwysigrwydd y coed oedd eu bod yn ddwyfol, ac yn cynnwys sudd a fedrau iacháu afiechydon. Nid rhyfedd i Evan Brynat ymateb trwy ddweud, 'The only thing that can enable the missionaries to helpfully prosecute their labours by preaching and book distribution, in such a field, is the assurance that their work is God's work, and that they are co-workers with Him'.

Gwnaeth ef a'i gyd-weithwyr ymweld â phentrefi anarferol iawn a gweld rhyfeddodau:

All along the road through through the mountains and valleys, the glens and gorges, which lie between the plains of Chili and those of Shansi, I could not but be struck with the number of cave-dwellers and their variety. I passed villages which were almost wholly composed of such dwelling, some of which had only one room, and others had four or five rooms. In these villages, tradesmen's shops, well-to-do people'sprivate dwellings which had neatly dressed and well-built stone facings, farmer' dwellings and barns, beggars common lodging houses, and the chief inns, all alike were underground. Some of thes cave-houses are seen high up in the hills, in groups or solitary, others are seen down in the glens and gorges, where the soil is firm and tolerably safe, and not a few are situated on the roadside, and in the deep and narrow cuttings in which the road often lies.

Yn ystod y daith, cysgodd Evan Bryant yn un o'r lleoeodd hyn, neu fe gesisiodd gysgu. Ar ôl tair awr o gwsg cododd i gael brecwast o siocled a bara menyn, a chychwyn ar ei daith am 3.40 y bore.

Dyfeisiwyd gwahanol ffyrdd i gyrraedd y bobl. Disgrifiodd E. Roberts ei ddull yntau:

We left Tumkur early the morning of September the 10 with one catechist, one colporteur, and eight Christian boys, with an intention of making a Bible and preaching tour, taking the principal places on the way from Tumkur to Chittldroog to Shinoga, and Shinoga to Tumkur via Tiptur. At every place we visited, having fixed our book-shops at various places, we drew vast congregations by means of the Christian boys singing lyrics.

Fel Paul, aethant o ddinas i ddinas, a theithio hefyd i ambell bentref. Roedd cyrraedd man lle'r oedd marchnad yn gyfle euraid i ddosbarthu a phregethu.

## Taith Hynod

Er hynny, nid oedd y teithiau hyn i'w cymharu â thaith Alexander Wylie (Cymdeithas y Beibl), a Griffith John (LMS), ym 1868. Ym marn Wylie ei hun, 'one of the longest, and, in some respects, the most interesting Missionary journeys that has been made in China in modern times', ac yn ôl adroddiad Cymdeithas y Beibl, 'almost if not quite unprecedented in the experience of Europeans'.

Y nod oedd cychwyn ar hyd afon Yang-tze, cyrraedd Sze-chuen, croesi'r mynyddoedd ac i lawr yn ôl i Hankow ar afon Han. Gwnaethpwyd trefniadau manwl. Daeth pobl Griffith John at ei gilydd i weddïo, a chasglu yr hyn oedd ei eisiau ar gyfer y daith. Daeth Wylie i lawr o Shanghai, taith o bedwar can milltir, a chyrraedd Hankow 31 Mawrth 1868:

I should have liked to have been a month earlier, on account of the summer heat, but deemed it important to wait till I could get a supply of Mandarin New Testaments up from Hong-kong and I was off the day after their arrival. The province of See-chuen had not hitherto been visited for Bible or Missionary work by any Protestant Missionary, if we except Mr Bagley. His journey was an enterprise almost unparalleled in recent times, and only those who know the place and the circumstances can appreciatd the sufferings he must have endured. I was highly favoured in having Mr John, who speaks the Mandarin language perfectly, is a zealous Missionasry, and gave himself heart and hand to the distribution of the Scriptures during the whole journey. We took with us two native Colporteurs, Ts Yun-ming and Tang Hung-kwan, and twenty three large cases of Scriptures.

Ar ôl gwneud y paratoadau angenrheidiol yn Hankow, roedd y cwmni yn barod y gychwyn ar y daith, 3 Ebrill 1868. Dyma grynoldeb o'r daith yn ôl y misoedd:

## Ebrill

Am ychydig dros wythnos roedd y wlad yn gyfarwydd i Wylie a John, sef y rhan o Hankow i ddinas Kea-yu, i dref Sin-te hyd at lyn Tung-ting. Yn ystod y rhan gyntaf o'r daith gwelsant y man lle roedd glo newydd ei ddarganfod, ond y dŵr oedd yn tynnu eu sylw fwyaf. Un ffrwd yn agor yn sydyn i fod fel môr bron 50 milltir o hyd, ac ychydig ddyddiau'n ddiweddarach dau lyn yn ymddangos, un yn 30 milltir o hyd, a'r llall yn 24 o filltiroedd. Yn raddol newidiodd yr olygfa, a'r wlad yn ymddangos yn fwy dieithr a llai diddorol. Yn wir, roedd darn helaeth yn wastadedd mwdlyd, gydag ambell res o fryniau i dorri ar yr undonedd. Hwyliwyd i Wa-tsze-wan, Hea chay wan, Teaou-heen i ddinas Hwa-ywng. Sylwodd yr ymwelwyr ar y ceirt byfflo, a'r gweithwyr prysur yn gofalu am y gwenith, yr haidd a'r reis, a hefyd y corsennau oedd yn hanfodol fel tanwydd i doi'r tai, a chodi ffensys. Wrth fynd i Shi-show hoeliwyd eu sylw ar y lagŵn, a pharhaodd eu syndod wrth weld cymaint o'r wlad o dan ddŵr.

Yn gynnar yn y bore  Ebrill 25ain cyrhaeddwyd dinas bwysig Sha-she, canolfan traffig o sawl cyfeiriad, 'an assemblage of junks', a lle roedd pagoda hynod. Wrth fynd i mewn drwy borth y de rhwystrwyd y teithwyr gan y gwyliwr, a bu cryn helynt cyn iddynt gael caniatâd:

> On entering the south gate, two dirty hands were somewhat unceremoniously laid on our shoulders, and we were told to wait in a miserable lodge till an officer came to question us. When the functionary arrived, his investigation amounted to nothing. During the interview a dense crowd collected round the door, expecting possibly to see us subjected to some ignominy; but it was

very amusing to see them disperse, when two petty officials got whips and lashed them right and left. That is the Manchu method of clearing the way.

Er bod y teithio'n flinedig, a'r olygfa'n undong, roedd y ddau yn hyderus iawn; mynnent ddyfalbarhau ar y daith. Hyd yn oed pan oedd y gwerthiant yn fychan iawn, calondid oedd y gwrandawiad a roddwyd i bregethu Grifftith John, oedd bob amser yn barod i wneud hynny, neu siarad am yr efengyl gyda'r bobl, 'Our sales were small, but we had excellent congregations, and the people listened with great sttention to Mr John's discourses'.

### Mai

Ar y diwrnod cyntaf o'r mis aethpwyd heibio dinas E-too, a'r diwrnod wedyn cyrhaeddwyd dinas bwysig E-chang, oedd yn orlawn o gychod. Braidd yn drwm oedd cwch y teithwyr i'r rhan hon o'r afon, ac felly prynwyd un ysgafnach am bris rhesymol. Teimlent yn fwy parod ar gyfer y rhan nesaf o'r daith i Ching-too, heb gau eu llygaid o gwbl i natur y fentr, 'difficult, hazardous and expensive'. Newidiodd yr olygfa, a rhes o fynyddoedd cawraidd yn rhannu'r dwyrain a'r gorllewin, a'r geirw a'r ceunant yn creu arswyd yn y teithwyr. Dyma ddisgrifiad Wylie o'u taith ar yr afon:

> The scenery is grand in the extreme. Instead of six or eight men, as in the former boat, our crew is now increased to sixteen, a dozen of whom are trackers, engaged in dragging the boat along by a bamboo line; but in ascending the rapids the number has occasionally to be increased to forty or fifty. Men are always in attendance for this service. They are a strange set of beings. Scant indeed are the nether garments of those who are most generously clad, but some of them go absolutely naked. When the towing-path at times comes to a terminus, or is swamped by the rising waters, these plunge into the stream like water dogs, carrying the line from one point to

another, till the whole team are again yoked to the work. Nothing seems to be an obstacle to their progress, high up on the most precipitous rocks, or wading up to the middle in water. At one time you may trace them on some almost inaccessible ledge, and, before you have time to wonder how they will ever make their escape from such a position, the foremost of the party are seen rounding some peak, or emerging from a crevice further on.

Dyma'r math o sefyllfaoedd a ddaeth yn gyffredin i'r teithwyr, a llawer gwaith bu raid iddynt ddiolch am waith y 'trackers'.

Bu'r cwch mewn traferthion tua wyth o'r gloch y bore, 6ed Mai, a bu bron i rym y dŵr fod yn drech na'r cychwyr, ond gwnaeth pwysau'r bocsys llyfrau gadw'r cwch yn ddiogel. Treuliwyd y seithfed dydd o'r mis mewn geirw, a chael profiad digon brawychus ar y diwrnod canlynol yn Shehewn. Roedd creigiau enfawr yn gwthio allan o bob ochr nes culhau llwybr y cwch yn sylweddol a chryfhau grym y dŵr. Roedd tua 200 o frodorion yno'n barod i'w cyflogi, a'u talu am gymorth oedd yr unig ffordd bosibl i fynd ymlaen ar y darn hwn o'r afon. Eu ffordd o weithio oedd clymu bambŵ hir, bron pum can llath o hyd, wrth y cwch, a 60 i 70 yn gafael yn dynn ynddo yn barod i lusgo'r cwch yn ei flaen. Pan oedd pawb yn barod, traw-wyd drwm fel arwydd i'r gweithwyr dynnu. Bu'n rhaid i Wylie a John aros am ddwy awr oherwydd y chweched oeddynt mewn ciw o naw neu ddeg o gychod.

Daeth mwy o fynyddoedd i'r golwg, y copâon yn ddwy i dair mil o uchder a'r ochrau fel muriau yn disgyn i'r dŵr. Wrth edrych arnynt ac aber afon New-hau-kau-fei ('Ox liver horse lights'), dywedodd Wylie, 'We came upon one of the rarest pieces of mountain scenery I have witnessed'. Er bod y mynyddoedd yn uchel roedd tai a ffermydd bychain ar eu hyd, ac o'r cwch roedd yn anodd deall sut oedd eu cyrraedd. Gyda llygad y naturiaethwr sylwodd Wylie ar wely o babi gwyrdd, yr unig un a welsant ar hyd y daith. Gadawyd tref fechan Pa-tung a chyrraedd dinas Woo-shan ar y 13eg o'r mis. Dinas ddigon diflas oedd hi a'r rhan fwyaf o'r masnachu'n digwydd yn y swbwrb. Fel arfer byddai'r Tsieineaid yn tyrru ar ôl yr ymwelwyr yn llawn cyffro a chwilfrydedd, ond nid felly yn Woo-shan. Yno roedd y bobl yn gwbl ddidaro.

Y diwrnod ar ôl gadael Woo-shan gwelodd y teithwyr geunant Wind-box, un o'r rhai mwyaf prydferth ar yr afon, a chyrraedd dinas Kewi-chow ar y 15ed o'r mis. Yn ôl yr arfer danfonodd Wylie a John eu cardiau a Thestament yr un i'r Prefect a'r Maer. Gwrthododd y cyntaf hwynt ond derbyniodd yr olaf. Cyflwynodd Griffith John ei hun yn yr un modd i'r swyddog militaraidd oedd newydd ymddeol, a chafodd John, a Wylie, groeso cynnes yn ei gartref moethus. Trafodwyd yn eithaf manwl egwyddorion y grefydd Gristnogol, a chafodd y ddau wahoddiad i aros am ychydig yno, ond ni fedrent fforddio'r amser. Ar hyd y daith cafodd y ddau genhadwr brofiad real o ddylanwad crefydd ar y bobl. Mewn un man profwyd gafael yr offeiriaid Bwdïaidd ar y cychwyr, mewn man arall y bobl yn tyrru i ganolfan Daoaidd, ac ar y diwrnod olaf ond un o'r mis gwelsant afael y deml Gonfiwsaidd ar drigolion Foo. Tasg anodd oedd gwerthu Ysgrythurau i bobl â thraddodiad crefyddol yn ymestyn yn ôl dros y canrifoedd. Er hynny, roedd achosion o lawenydd, a dywed Wylie am Wan, 'we had a very fair sale of books', ac am Foo, 'had a good sale during the day'. Yno, gwelsant deml Gonfiwsaidd liwgar gyda muriau coch, a tho gwyrdd a melyn.

### Mehefin

Ar y 5 ed o'r mis bwriwyd angor yn rhan ogleddol Chung-king. Digon tawel oedd y bobl ond y gwerthu'n ddigalon a symudwyd i borth mwy prysur. Cymhlethwyd y sefyllfa gan bresenoldeb y Pabyddion, tua deng mil ohonynt yn ôl Wylie. Gwrthwynebent hwy werthu'r Ysgrythurau;

gwrthwynebai'r Tsieineiaid y Pabyddion, a thaenwyd y stori ar led bod y cenhadon newydd yn gwerthu llyfrau Pabyddol. Yn ffyddiog mentrodd y gweithwyr i'r strydoedd, 'We remained till the 9, and traversed the streets in every direction, selling books every day except Sunday', ac ymhlith y Pabyddion, 'We had very good success'. Tua chanol dydd ar y 12 o'r mis cyrhaeddwyd Keang-tsin, lle y llwydddwyd i werthu ychydig gopïau. Ymwelwyd â Ho-keang am rai oriau a gwerthwyd ychydig o lyfrau. Ar ôl cyrraedd Loo ar yr 20ed o'r mis, penderfynwyd aros yno am ychydig ddyddiau; cawsant groeso'r Mandarin. Wedi gorffwys y Sul aeth y ddau a'r Beibl-weithwyr i'w gwaith ddydd Llun a dydd Mawrth. Bu'n rhaid aros diwrnod ychwanegol oherwydd ymryson ar yr afon, ac nid oedd dim i'w wneud ond gwylio'r cystadlu.

A hithau bron yn hanner nos y 25ain o'r mis, bu'n rhaid wynebu geirw eto a achoswyd gan rîff o greigiau yn ymestyn i'r afon. Sicrhawyd hwy gan un o offeiriaid y deml bod yr afon yn llai peryglus ar ôl codi'r adeilad i Wang-yeli, ceidwad yr afon. Gwerthwyd yn dda yn Keang-gan ar y 27ain, gorffwys ar y 28ain, sef y Sul, a chyrraedd Nan-ke y diwrnod wedyn, lle y derbyniwyd hwy'n garedig. Bu Wylie a'r ddau gynorthwywr yn gwerthu'n brysur, ond nid oedd Griffith John yn teimlo'n dda, a gorffwysodd y diwrnod hwnnw.

## Gorffennaf

Ar y diwrnod cyntaf o fis Gorffennaf ymwelwyd â Sen-chow. Erbyn hyn bu'r cwmni dri mis ar yr afon, a rhaid oedd parhau i deithio felly, ond yn awr ar afon Min, âi dŵr clir o gymharu â bryntni afon Yangsze. Prin er hynny oedd y gwerthu, ac yn Keen-wei hefyd. Ar y 9ed o Orffennaf daeth profiad annymunol i'w ran eto gerllaw Taon-sze-kwan. Ar y lan ddeheuol clymwyd cadwyn gref wrth y graig a chynghorwyd capteiniaid y llongau a'r cychod i agoshau at y lan a chlymu rhaff y llong wrth y gadwyn.

Dyma oedd y diogelwch i fynd drwy rym y dŵr. Credodd capten y cwch fod ei ddynion yn ddigon cryf heb y cymorth, ond gwnaeth gamgymeriad dybryd, a disgrifiodd Wylie y munudau arswydus:

> The boat got unmanageable, and we were sucked into a boiling eddy. The head of the boat was whirled swiftly round under an overhanging cliff, and, had it struck, I believe we must have inevitably gone down. It was a critical moment, and I can scarcely think of it without a shudder. The men dropped their oars instantaneously, and all crouched flat down on the deck; not a word was spoken, all expecting the next instant to be in the water; but we were mercifully preserved, for the boat just cleared the rock by about two inches.

Wedi tawelu eu hofnau, ymwelodd y teithwyr â Chuh-kan-tau, lle y gwerthwyd copïau o'r Testament Newydd, a chafwyd cyfle hefyd i weld rai o'r cannoedd ffynhonnau halen oedd yn yr ardal. Y bore canlynol cyrhaeddwyd Kea-ting, heibio i ddelw enfawr o Bwda. Ar ôl gorffwys y Sul dechreuwyd cerdded y ddinas, 'selling with tolerable success'. Yn ddiweddarach yn Tsing-shin ar y 16eg, ac ym Mei ymhen dau ddiwrnod, dosbarthwyd yn weddol llwyddiannus.

Ffarweliwyd â'r mynyddoedd ar y 21ain, a'r diwrnod canlynol gwelsant y bont gyntaf ar eu taith, ac ar y 23ain cyrhaeddwyd, o'r diwedd, ddinas Ching-too, canolfan politicaidd Sze-chuen. Dyma fan arwyddocaol ar y daith, oherwydd ni allent fynd ym mhellach mewn cwch ar afon Min. Aethant i'r ddinas i gyfarfod y ddau Feibl-weithiwr, a gyrhaeddodd yno eisoes. Roedd y Mandariniaid yn ddigon caredig, ond yr esgob Pabyddol yn ystyried y teithwyr Protestannaidd yn hereticiaid. Ar y pryd roedd pla yn ysgubo'r ddinas a chyfartaledd o 80 y dydd yn marw. Mentro i'r strydoedd a wnaeth y cwmni bychan, gan sylweddoli na fyddai neb yn eu gwrthwynebu mewn sefyllfa felly. Dwyshawyd eu teimladau gan y gorymdeithio, a'r bobl yn chwifio eu heilunod er mwyn troi'r pla i ffwrdd oddi wrthynt. Hyd yn oed yng nghanol y sefyllfa ddigalon ni fedrai Wylie ond edmygu prydferthwch y lle. Dyma'r ddinas harddaf a welodd yn Tsieina, 'the finest Chinese city I have seen', a chytunau Griffith John ag ef, oherwydd un o'i ddymuniadau oedd gweld ei phrydferthwch, a dechrau gwaith i Grist yno, 'where I thought I could die in peace, knowing that my grave at that great city would stimulate others to come and occupy it in the name of the Lord'. Ar wahân i weithio yn y ddinas cafodd y teithwyr gyfle i ystyried y gwerthu a meddwl am y ffordd orau i deithio'n ôl i Hankow. Yn ystod y daith o E-chang i Cheng-tu, gwerthwyd 71 o gopïau o'r Hen Destament, 935 o'r Testament Newydd, a 9,059 o rannau o'r Ysgrythur. Mor bell ag yr oedd y daith yn y cwestiwn gadawyd yr afon, a dechrau teithio ar y tir am ychydig.

## Awst-Medi

Cyrhaeddwyd Tsz-tung ar y diwrnod cyntaf o Awst, ac yn lle'r cwch defnyddiwyd y 'sedan' [cadair ar bolion, a chael ei gario ynddi], i deithio, a cherdded a dringo mewn gwres a oedd ar brydiau yn llethol. Ar ôl cyrraedd afon Han roedd mynd adref yn fwy o realiti, a daeth Hankow i'r golwg ar 4ydd o Fedi, ar ôl teithio dros 2,500 o filltiroedd. Dysgwyd llawer am y bobl, eu harferion a'u hiaith; diogelwyd gwybodaeth werthfawr i genhadon a naturiaethwyr; gwelwyd gweithredoedd nobl Duw yn y greadigaeth, a gwerthwyd a rhoi Ysgythurau y tu hwnt i bob disgwyl. Prif werth hanes y daith i gefnogwyr Cymdeithas y Beibl yw' r gwerthu a'r rhoi hwn, ond gall fersiwn Alexander Wylie greu syndod oherwydd ei wybodaeth helaeth, a'i ddisgrifiadau byw.

## Y Beibl-weithwyr

Parhaodd y cenhadon gyda'r gwaith o ddosbarthu'r Beibl, ond gwelodd Cymdeithas y Beiblyn dda i neilltuo unigolion a grwpiau bychain i ganolbwyntio ar y gwaith hwn. Nid oedd yn bosibl mentro ar y dasg heb y paratoad mwyaf posibl. Yn gyntaf oll, dylai bob un holi ei hunan a oedd yn *wir* grediniwr. Yn ail, dylai wneud yn siŵr mai galwad Duw oedd yn ei arwain i'r gwaith. Yn drydydd, roedd yn ofynnol iddo ganolbwyntio ar ddosbarthu'r Ysgrythur yn unig, heb drafferthu gydag unrhyw lenyddiaeth arall. Ac yn olaf, ni dylai fod yn ddadleugar ac ymrysongar.

Os oedd cyfle i drafod, y peth doeth oedd canolbwyntio ar 'the fall of man, his state of condemnation-justification by faith-regeneration, and the necessity of sanctification-In one word Salvation as the work of grace and mercy of one God, Father, Son and Holy Spirit'. Disgwylid i bob gweithiwr arwyddo amodau, 'the smallest intraction of which is attended with immediate dismissal'. Gwnaethpwyd gwaith ardderchog gan y gweithwyr hyn, ac nid rhyfedd i Broomhall gyfeirio atynt fel, 'A sadly neglected corps of heroes'.

Er bod pump o gyfryngau, y Beibl-weithwyr; canolfannau; ysgolion; cymdeithasau crefyddol, a llyfrwerthwyr, y cyfrwng cyntaf oedd ar y blaen gyda'r gwaith. Yn Ffrainc, er enghraifft, lle'r oedd de Pressense yn oruchwyliwr, allan o 666, 051 o gopïau, y Beibl-weithwyr a ddosbarthodd dros hanner y rhif. Er hynny medrai'r dosbarthu fod yn boenus o araf. Mynegodd John Jenkins ei brofiad ar gychwyn ei waith yn Llydaw;

Monday 19. I went out after mid-day to distribute Testaments. Sold 1 French Testament for 10 sous. 1 Almanack for 5 sous. 2 ABK for 4 sous and gave one ABK. Tues. 20. Sold 2 Breton Testaments for 10 sous each, and one Test. For 8 sous and gave 1 ABK. Weds. 21. Went out as usual. Was not able to sell a single Testament, gave 2 ABK Had a religious conversation with 4 or 5 persons.

Meddyliodd John Jenkins am dechneg y dosbarthu. Roedd eisiau bod yn ddoeth a chyfrwys. Y cam cyntaf oedd ennill cyfeillgarwch, gwerthu wedyn, ac yna egluro ei waith fel cenhadwr, 'I shall unveil this other part of my business gradually as I shall think proper'. Pwysleisiodd John Jenkins gyfraniad y brodorion i'r gwaith. Roedd gydag ef rai ffyddlon, Ricou, yn 80 mlwydd oed, 'with his venerable hoary head', mab i ffermwr yn nghyffiniau Lorient; Pabydd a gofleidiodd Brotestaniaeth, a Groignec, y mwyaf amlwg ohonynt i gyd.

Gwaith blinedig oedd y cerdded cyson, a'r bag trwm ar draws yr ysgwyddau. A hynny ar hyd diwrnod hir. Pan aeth Jenkyn Jones i gynorthwyo Groignec dechreuwyd ar y gwaith am saith o'r gloch y bore er mwyn cwrdd â'r plant yn mynd i'r ysgol am wyth o'r gloch. Yna fe gerddodd y ddau drwy goedwig am bedair millir cyn gweld unrhyw dŷ. Aeth G. P. Davies, yn yr Almaen, i gynorthwyo Jacobsen, a dechrau hyd yn oed yn gynharach, am hanner awr wedi chwech y bore. Ar ddiwedd y bore aeth Jacobsen i chwilio am gyflenwad o Ysgrythyrau. Cafodd y goruchwiliwr gyfle i fwyta ychydig o fara rhyg, menyn a chaws. Dychwelodd Jacobsen, a pharhawyd y gwaith nes ei bod yn nosi. Peth braf ar ddiwedd y dydd oedd mynd yn ôl i'r llety. Yn aml iawn, yn arbennig mewn tafarn lle roedd cyfle i siarad â'r bobl. Yn ei lety un nos Sul, cyfarfu John Jenkins â gŵr fedrai ganu, a gwelodd y Cymro ei gyfle. Gofynnodd iddo ganu unawd i'r cwmni, a chanodd yntau am enedigaeth Crist. Bu'r gân yn gyfrwng i drafod yr enedigaeth wyrthiol, a phynciau eraill y ffydd Gristnogol.

Ar brydiau, profai'r dosbarthwyr gryn unigrwydd. Oherwydd prinder gweithwyr, gorfodwyd John Thomas a Zampetti i weithio ar wahân yn Sardinia. Llwyddasant i gyrraedd ambell bentref ar gefn ceffyl, ond roedd amryw o leoedd na ellid eu cyrraedd ond ar draed. Ar ôl gwahanu, cyrhaeddodd y Cymro un lle o 4,000 o boblogaeth, lle na bu offeiriad am bedair i bum mlyned oherwydd bod i'r lle enw drwg am lardron. Cafodd fwy o fraw pan aeth i Nuoro, lle'r oed un gŵr newydd ladd ei wraig a'i fam, a phedair buwch wedi eu lladd am 'Vendetta' [Teulu yn dial am ladd un ohonynt]. A threuliai un o gwmni John Thomas gyfnod bob blwyddyn gyda'r bugeiliaid ar yr Appennines, ac un arall di-briod yn treulio misoedd i ffwrdd yn yr un ardal. Yn Tsieina, medrai'r dosbarthwyr o dan ofal Evan Bryant gerdded am ddyddiau heb ddod ar draws unrhyw bentref sylweddol, a boddloni ar un pryd o fwyd y dydd. Mynd â'r ysgrythur i bawb oedd nôd Cymdeithas y Beibl, ond roedd ganddi gonsyrn arbennig am y tlawd. Er bod John Thomas yn gorfod treulio oriau gyda threfniadau, daliai afael ar bob cyfle i fynd i blith anffodusion Rhufain, tra fyddai un o'i weithwir yn treulio llawer o'i amser yng nghanol y tai salaf yn yr Eidal. Gwyddai Groignec fod llu o bobl o ardaloedd gwledig yn Llydaw yn mynd i Nantes i chwilio am waith, a chael cyflog teg. Aeth i weithio yn eu plith, a rhoi sylw i'r plant hefyd, bron bob un heb fedru darllen nac ysgrifennu. Yn yr Almaen roedd cyfartaledd uchel o weision ymhlith y rhai a lifodd i Frankfurt. Gwelodd Messer, un o'r Beibl-weithwyr, ei gyfle i'w cyrraedd. Fel yn Frankfurt, roedd angen dwfn ym Merlin hefyd. Oherwydd y cynnydd yn y boblogaeth nid oedd digon o dai ar gael ar gyfer pawb. Dim ond un ystafell oedd yn hanner y tai; trydedd ran y boblogaeth yn byw mewn tai lle y gellid gwresogi un stafell, a thri chant o bob mil yn byw mewn seleri, llawr cyntaf, neu atig.

Medrai'r Beibl-weithwyr gyrraedd y bobl oedd yn byw mewn lleoedd felly. Hyd yn oed pan oedd y gweinidogion are eu gorau yn ceisio cyrraedd yr anghenus, roedd cymaint o alwadau arnynt, ambell un a chymaint 100,000 o blwyfolion; roedd gweithgarwch enwadol yn mynd â'u hamser, a llawer yn gadael yr eglwysi, yn arbennig yn y dinasoedd. Medrai'r Beibl-weithwyr fynd i blith pobl y dosbarth isaf; ennill eu parch, a chreu hunan-barch ynddynt hwythau. Roedd cynrychiolwyr Cymdeithas y Beibl yn cwrdd ag anghenion emosiynol a chymdeithasol y bobl. Wrth weithio ymhlith pob dosbarth roedd y gweithwyr yn cyfrannu ychydig at wrthsefyll y polareiddio oedd yn digwydd rhwng y gwahanol ddosbarthiadau.

Manteisodd y dosbarthwyr ar bob cyfrwng i roi'r Ysgrythur yn nwylo'r bobl; y traed; y ceffyl; y bâd, a thua chanol y bedwared ganrif ar bymtheg, croesaw-wyd cyfrwng arall, sef y trên. Cyn i waith ar ran o lein yn yr Eidal gael ei orffen, teithiodd John Thomas yn y pedwerydd dosbarth, a sylweddoli y byddai'n bosibl cyn hir ehangu'r maes. Bu'r trên a'r stesiwn yn hanfodol i'r gwaith yn yr Almaen yn stod y rhyfel ym 1866. Y stesiwn oedd un o gylchoedd pwysicaf Fossi yn yr Eidal, a'i olynydd ifanc, Pisani. Am dâl rhesymol cafodd godi stondin wrth y stesion; cael caniatâd i fynd ar y trên, ac ymweld â'r ystafell orffwys. Pan ddigwyddodd cynnydd yn rhif y gyrrwyr cabiau, gwnaeth Mrs Caroline Davies weithio'n gyson gyda'r dosbarth hwn, a'r postmyn. Llwyddod i gyrraedd pedwar cant o deuluoedd.

## Canolfannau a changhennau

Sefydlodd y Beibl-weithwyr ganolfannau a changhennau er mwyn rhoi cyfle i'r bobl bryuu Ysgrythur. Pan godwyd capel yn Quimper, Llydaw, gwnaeth James Wiliams yn siŵr fod ystafell yno i werthu Beiblau a Thestamentau. Talodd £4 am drwydded i werthu llyfrau, 'yn fy nhŷ fy hun'. Ac ym Morlaix, cadwai John Jenkins gyflenwad o Ysgrythurau yn y capel, 'People coming now and then to our place of worship to buy the divine volume'. Profiad cyson Griffith John yn Tsieina oedd gweld pobl yn dychwelyd i gael darnai eraill o'r Yagrythur ar ôl darllen yr hyn a gawsent eisoes. Ac nid oedd neb mor selog i sefydlu canghennau lleol na G. P. Davies yn yr Almaen. Cafodd gymorth parod Miss Gruet i hybu'r gwaith yn y Swistir. Pan gyrhaeddodd cyflenwad o Ysgythyr i rai o ynysoedd Môr y De, chwipiwyd y dŵr o sawl cyfeiriad, a rhes o gychod wedi eu clymu ar y traeth yn barod i fynd â'r trysor i wahanol ganolfannau.

Gadawodd John Thomas Sardinia er mwyn sefydlu canolfan yn ninas bwysig Rhufain. Lleolwyd y siop i gychwyn mewn lle cul a thywyll yn y Corsa, rhwng siop ddillad a siop dybacco. Symudwyd i rif 7, Piassa di Spagna ym 1881; i rif 32, via Cappo de Case ym 25, ac yna, ym 1895, i le llawer gwell a mwy manteisiol yn rhif 63, Via due Macelli. Ar wahân i fod yn gartref i'r Fatican, roedd wyth o raniadau Protestannaidd yn y ddinas. Pob un ohonynt yn galw am Feiblau. Er bod siopau gan ambell un o'r enwadau, dywedir bod naw o bob deg Beibl yn Rhufain wedi dod o siop y Cymro.

Trefnai'r rheolwr ei waith yn ofalus. Roedd yn effro i bob cyfle i wasanaethu y tu allan i'r siop. Mewn cydweithrediad â Chymdeithas y Beibl yn yr Alban paratôdd ar gyfer dathlu priodas arian Rhufain a'r Eidal. Ym mhlith ei weithwyr roedd tri a fu'n filwyr o dan Garibaldi, ac un a fu'n filwr preifat yn y Fyddin Frenhinol; gweithwyr cymwys iawn i ddosbarthu'r Beibl, gan eu bod yn gyfarwydd â'r ddinas. Gyda gofal dosbarthai John Thomas rai copïau yn rhad, a thynodd sylw'r Brenin a'r Frenhines at y gwaith trwy gyflwyno iddynt gyfieithiad yr Athro Luzzi o hanes Mari Jones a'i Beibl. Hyrwyddai gydweithrediad rhwng y gwahanol garfannau crefyddol, a chytunodd amryw ohonynt i neilltuo bob nos Sul o 9.30 hyd 10 o'r gloch yr hwyr i weddïo dros y gwaith. Pan ymddeolodd John Thomas, collodd Cymdeithas y Beibl un o'i dynion gorau. Cyfeiriwyd ato fel 'our zealous and faithful depository'.

## Awstralia

Canolbwyntio ar ganolfan o bwys a wnaeth John Thomas. Felly hefyd Peter a John Jones yng Nghanada Uchaf; George S. Owen yn Tsieina; M. Thomas, Maurice Phillips, ac E. Lewis yn yr India. Ond roedd galw am deithio helaeth yn Awstralia. Dyma wlad ifanc, lle y cynyddodd y boblogaeth yn sydyn tua chanol y bedwaredd ganrif ar bymtheg a chreu penbleth i weithwyr crefyddol. Datblygodd y gweithiau aur a chopr, a dylifodd y bobl yno o bob man yn y byd. Yn ystod y cyfnod o 1850 hyd 1860, ymfudodd 135,000 o Brydain; ac ym 1858 roedd 2,000 o Gymry yn Ballarat a Sebastopol, a channoedd o Aberdâr, hen sir Forgannwg, yn Snake Valley. Erbyn 1856, roedd 7.000 o Almaenwyr yn Ne Awstralia, a 40,000 o Tsieineaid. Roedd y Cymro, fel arfer, yn mynd â'i grefydd gydag ef; yn cychwyn achos crefyddol, a chefnogi'r cymdeithasau gorau, yn cynnwys Cymdeithas y Beibl, gwaith oedd newydd gychwyn yno. Cofnodir am 1859-60, 'To the Victoria Auxiliary at Melbourne, 100 Welsh Bibles'.

Er mwyn hyrwyddo'r gwaith, danfonodd Cymdeithas y Beibl ddau gynrychiolydd i Awstralia, M. H. Becheer, a Thomas Charles, ŵyr Thomas Charles o'r Bala. Yn ystod eu hymweliad cyflogwyd Beibl-weithiwr yn nhalaith De Cymru Newydd. Roedd hwn yn ddull effeithiol, ond yn gostus, ac felly rhaid ystyried yn ofalus cyn mentro helaethu. Bu'r ddau yn brysur yn cynnal cyfarfodydd. O fis Chwefror hyd Rhagfyr 1855, cynhaliwyd 60 o gyfarfodydd yn Ne Cymru Newydd; 27 yng ngwlad Van Diemen, a rhai canghennau hefyd. Yn anffodus, bu'r llafur yn ormod i Thomas Charles a bu'n rhaid iddo ddychwelyd adref. Sylweddolodd Cymdeithas y Beibl fod angen am oruchwyliwr sefydlog. Penodwyd J. K. Tucker, a'i ddilyn gan Benjamin Backhouse.

Ym 1876, penodwyd J. T. Evans i fynd i Awstralia. Gwnaeth y trefniadau angenrheidiol o'i gartref yn y Garth, Bangor, a chyrraedd i ddechrau ar ei swydd, £500 y flwyddyn, ar 13 Ionawr 1878. Sylweddolodd yn fuan fod y wlad yn enfawr, a theithio'n anodd a chostus; cyfrwy ceffyl yn costio £30, ond roedd yn rhaid sicrhau 'buggy and harness'. Gwnaeth ddefnydd da ohono. Dyma'i weithgarwch am y ddwy flynedd gyntaf:

|         | Milltiroedd | Cyfarfodydd | Pregethu | Pwyllgorau |
|---------|-------------|-------------|----------|------------|
| 1878-9  | 11,500      | 82          | 31       | 38         |
| 1879-90 | 12,000      | 288         |          |            |

Yn ystod ei daith gyntaf yn Ne Cymru Newydd, ymwelodd J. T. Evans â deugain o drefydd. Mentrodd hefyd i ddau gylch cwbl newydd i'r Gymdeithas, Back Weston a New England. Sefydlodd ganghennau yn y naill le a'r llall. Llwyddodd i gyrraedd mannau diarffordd fel Wentworth a Deniliquin, Liverpool Plains, Queenbeyan, a thorri tir newydd yn Tweed. Calonogwyd ef yn fawr wrth ffurfio canolfannau, fel y 'Western Auxiliary':

> Most of the branches in connexion with this Auxiliary were formed by myself. I am pleased to find that they ar taking root. I think this proves the wisdom of visiting new townships, although for a time little or nothing can be done in the way of collections.

Pan gyrhaeddodd J. T. Evans Brisbane, Queensland, un o'r rhai a'i croesawodd oedd y Cymro, y Parch. Edward Griffiths, a fu'n weinidog Market Square, Merthyr Tudful. O Brisbane anturiodd J. T. Evans i'r Gogledd i leoedd na fu ei rhagflaenwyr yno o gwbl. Ffurfiodd ganghennau newydd:

> Work in the colony embraced a visit to the active auxiliary at Mount Barker and a tour in the Northern Areas; and branches were formed at Port Pirie, Crystal Brook and Gladstone, places which six years ago did not boast a single house. Here again the work was very trying.

Gyda bodlonrwydd y dywedodd yn ei adroddiad nesaf, 'New branches are established in all the chief towns as far as Ccok Town'.

Wynebodd y goruchwiliwr ar lu o anawsterau.Roedd y tywydd yn amrywiol iawn. Un diwrnod teithiai mewn eira a'r gwynt yn chwythu'n ddidrugaredd, ac ychydig ddyddiau wedyn cyrraedd Brisbane â'r tymheredd yn 97° yn y cysgod. Tra'n teithio yn ystod y nos, rhwygodd echel y cerbyd, ac yn ystod ymweliad â Thasmania trowyd y cerbyd wyneb i waered. Ysigwyd J. T. Evans yn dost, ac ar ôl cyrraedd SelandNewydd treuliodd dair wythnos yn y gwely. Mewn ambell gylch roedd y sefyllfa economaidd yn ansefydlog. Anodd felly oedd datblygu'r gwaith fel yn Fictoria yn ystod cyfnod o ddirwasgiad a sychdwr. Eto i gyd, gwnaeth y goruchwyliwr ymdrech lew i gyrraedd y gweithwyr cyffredin yn y melinau, y 'navvies', a rhai yn y 'wildest parts of New South Wales'.

Nid yw'n rhyfedd i waeledd gydio yn J. T. Evans. Ym 1879, cyfeiriodd un o o gofnodion Cymdeithas y Beibl at yr achos am hyn, 'over work & the result of cold & exposure', ac ychwanegu mewn ychydig fisoedd ei fod yn dioddef o 'acute rheumatism'. Cyfeiriodd Canton at gyflwr y goruchwyliwr, fel 'a serious breakdown'. Gadawodd Awstralia ym 1883 wedi gwneud diwrnod da o waith. Awgrymodd i'r pwyllgor i ddewis ei olynydd, y dylai fod yn Anglican, a'i dalu yn anrhydeddus. Anglican a gafodd y swydd, er mawr siom i Edward Griffith, a obeithiodd ddilyn ei gyd-Gymro. Argyhoeddiad sylfaenol J. T. Evans oedd pwysigrwydd canghennau byw. Sefydlodd rai newydd, adfywiodd rai marwedd, ac ysbrydolodd y gweithwyr yn gyffredinol. Disgrifiwyd ef fel 'a great branch builder'. Gwnaeth hynny mewn cylch enfawr yn Awstralia, Tasmania, a Seland Newydd. Gweithiai mewn gwledydd ifanc, a cheisiodd grisialu eu hynni i gyfeiriad ysbrydol a hynny yng ngoleuni ei weledigaeth eang, y weledigaeth a fu'n cynnal William Carey; David Bogue, a Thomas Charles, sef gweld y ddaear yn llawn o wybodaeth yr Arglwydd, fel y mae'r dyfroedd yn toi'r môr.

# DOSBARTHU'R GAIR MEWN CYFNOD O RYFEL: YR ALMAEN, 1870

'It is not too much to affirm that the chapter of labour now to be reviewed describes, probably, one of the most important works Divine Providence ever entrusted to the Society'. Dyma ddweud mawr o gofio am weithgarwch Cymdeithas y Beibl mewn llawer o wledydd drwy'r byd, ond mae'r geiriau yn ddigon cyfrifol, a'r hanes yn eu cadarnhau. George Palmer Davies oedd y goruchwyliwr ar y pryd a hawlia ef ei hun, a'i gydweithwyr, sylw arbennig. Cafodd brofiad o ryfel eisoes ym 1860 a 1866, ond yr oedd y baich y gofynnwyd iddo ei ysgwyddo yn awr yn llawer trymach.

## Paratoi

Pan ddechreuodd y rhyfel yn erbyn Ffrainc, 16 Gorffennaf 1870, trodd y bobl oddi wrth eu problemau mewnol yn grefyddol a pholiticaidd i amddiffyn y wlad. Yn Frankfurt yr oedd George Palmer Davies ar y pryd, ac ofnodd am ychydig na fedrai ddychwelyd i Berlin. Llwyddodd i adael ar y Sadwrn a chyrraedd ar y Llun heb ddim i'w gynnal ond bara, dau lasiad o gwrw, a chwpaned o goffi. Yn wir, am chwe noson yn y cyfnod hwn cysgodd mewn stesion, a bu'n rhaid iddo aros am chwech wythnos cyn gweld ei wraig. Gwnaeth Davies drefniadau brysiog, ond effeithiol. Sicrhaodd gyflwyniad swyddogol i'r awdurdodau. Derbyniodd yntau ddau lythyr pwysig, un oddi wrth y Gweinidog Rhyfel yn ei awdurdodi i drefnu Beibl-weithwyr ar gyfer byddin Prwsia, a'r llall oddi wrth y Caplan Cyffredinol yn dweud iddo gyfarwyddo bob caplan i gefnogi gwaith y Gymdeithas. Hanner gair oedd eisiau ar George Palmer Davies, a gorchmynnodd i'r gweisg weithio ddydd a nos. O fewn 24 o oriau i gyhoeddi'r rhyfel archebwyd 200,000 o gopïau o'r Ysgrythurau o Berlin, Frankfurt a Cologne, a rhybuddiwyd y rhwymwyr i fod yn barod i ddarparu 4,000 o Destamentau gyda'r Salmau, neu hebddynt, bob dydd hyd nes cael cyfarwyddyd pellach. Daeth y gweithwyr o swyddfeydd y Gymdeithas a gwirfoddolwyr eraill i'r adwy, chwech ohonynt o'r 'Chrischona Institutio', a boddlonodd un gwirfoddolwr fod yn gyfrifol am yr ysbytai yn Frankfurt a'r cylch. Cytunwyd i werthu'r Testament Newydd am hanner pris a rhoi mwy o gopïau am ddim. Cafodd G. P. Davies awdurdod i wneud penderfyniadau yn ôl y gofyn mewn gwahanol amgylchiadau. Dyma fynegiant o ymddiriedaeth Cymdeithas y Beibl yn y goruchwyliwr.

Dyma dasg aruthrol i G. P. Davies a'i bobl, tasg ddiflas mewn un ystyr, oherwydd roedd yn gas ganddo bob rhyfel ond sylweddolodd fod cyfle euraid i wasanaethu eraill, 'War is, under any circumstances, an evil of gigantic magnitude; but who can bear to dwell, even in imagination, on the horrors of such a war as this which has just broken out?' Ac arswydai wrth feddwl am yr wythnosau nesaf, a gwaed yn llifo dros dir Ffrainc a'r Almaen. Roedd yn gyfle arbennig i ddangos tosturi. Nid unrhyw fath o fyddinoedd oedd yn ymladd, ond y ddwy fwyaf yn Ewrop. Amcangyfrifir bod gan yr Almaen 1.4 miliwn o ddynion yn barod ar gyfer y rhyfel. Roedd ganddynt y Cadfridog Moltke, a gyfrifid y cadfridog gorau yn Ewrop.

Cysur mawr i George Palmer Davies oedd ei weithwyr selog. Un o'r rhai mwyaf amlwg oedd Lifftenant Wolff ym Merlin. Disgrifioddd y gweithgarwch yno ar y dydd Sadwrn ar ôl cyhoeddi'r rhyfel. Casglodd ei gyd-weithwyr ynghyd o flaen y stesiwn a dosbarthwyd yr Ysgrythurau mewn amser byr; bu raid cael cert i gario cyflenwad oedd ar gael gerllaw. Ar y Sul daeth mwy o filwyr i'r stesiwn, ar eu taith i Ffrainc. Dim ond chwarter awr oedd ganddynt i gael ychydig o fwyd, ond llwyddodd y Beibl-weithwyr i ddosbarthu a gwerthu Ysgrythurau yn helaeth. O fewn pythefnos gwerthwyd 8,000 o gopïau.

Yn ystod y brwydro ffyrnig ddiwedd Awst a dechrau Medi roedd 450,000 o filwyr yr Almaen ar y maes, a 120,000 o filwyr Ffrainc. Bwriad yr Almaenwyr oedd croesi afon Rhein i Strasbourg a Nancy, mynd ymlaen i Metz ar afon Moselle ac yna drwy Rheims i Baris. Strasbourg oedd dinas fwyaf Alsace, a thra y byddai hi a Metz ym meddiant Ffrainc roedd yr Almaen mewn perygl cyson. Nid oedd gan y Canghellor Bismark amheuaeth o gwbl mai ei wlad ef oedd mewn perygl, ac mai Ffrainc oedd yn amharu ar yr heddwch. Roedd y goruchwyliwr yn llawn hyder hefyd oherwydd bod y wlad yn unedig, yn barod i wrthsefyll yr ymosodiadau mwyaf ffyrnig. Ond siom i'r Almaen oedd gweithred Prydain yn anfon gynnau i'r Ffrancwyr.

Sylwodd George Palmer Davies yn fanwl ar y sefyllfa, ac arolygu'r gwaith o'r Baltig i'r Alpau, o ffiniau Awstria i ffiniau gwlad Belg. Enillodd Ffrainc ambell frwydr, ond yn fuan iawn amlygwyd gallu'r Almaen a newidiodd cwrs y rhyfel. Rhydd George Palmer Davies ei hun adroddiad o'r hyn a ddigwyddodd:

> But as the war progressed the work changed its character. The three great German armies entered France; in Germany, therefore, the able-bodied men had almost entirely escaped us, and nothing remained for us but to follow. Twenty five of us sooner or later, for longer or shorter periods, entered the invaded country to work among the healthy troops and in the lazarets and hospitals. While these brethren were at work with the Germans in France, their colleagues at home found unexpected work among the French

in Germany. Here enmity vanished, and love for the soul overcame all sentiments of hostility to those who had borne arms against their country. But in this department of our work we sustained a temporary check. We had counted on thousands, and the prisoners streamed in by tens of thousands. All the railroads refused to receive private goods, so that for a while the stock at our disposal in Brussels and London was unavailable.

Er mor anodd roedd hi, arolygai Davies ei weithwyr yn yr Almaen a'r Swistir. Gwnaeth drefniadau i fynd i Ffrainc hefyd. Cyrhaeddodd yn ofnadwy o agos i'r brwydro gwaedlyd y diwrnod olaf o Awst a'r cyntaf o Fedi. Er mwyn hwyluso'r gwaith prynwyd cart a cheffyl, gwerth deugain punt, a dangosodd Wolff, un o'r cwmni, ei ddawn gyda'i ddwylo trwy wneud cylchoedd a chanfas dros y cart i'w gwneud yn wagen gysgodol. Peintiwyd croes goch arni ar gefndir gwyn, a neilltuwyd Erhadt, un arall o'r cwmni, i fod yn yrrwr.

Anwybyddwyd y perygl wrth weld angen y clwyfedig, a mentrodd Davies, cyfaill iddo, a meddyg, gymryd cart i gludo milwyr o'r maes:

We took a surgeon with us and set off at once. Scarcely had we entered the village when a Chassepot ball, evidently aimed at an officer who was walking beside our cart, whipped within two feet of my head. At the same instant a company of dragoons came galloping down the village streets and shouted that the French were in possession of the place. Again a crack of Chassepots wsas heard, and one of the dragoons received a ball in the leg, and his horse two balls in the neck. We took him from his horse upon our cart, hurried back, and were soon covered by the Prussian outposts, who quickly advanced and soon cleared cleared the village, but we could not succeed in rescuing the three wounded Prussians.

Edmygai George Palmer Davies ddewrder ei weithwyr a gwnaeth bopeth posibl i'w calonogi. Gwaith blinedig oedd dilyn y fyddin yn y tywydd oer;

dim llawer i'w fwyta, a dim llawer o gyfle i gysgu:

> The men lay hungry and cold in open sheds, or shared the cold sky with the soldiers round their camp fire, heaven's police---Mr Davies himself, in his energetic supervision of the work, experienced some of the hardships of the march and the bivoude[gwersyll]. In July and August he spent twenty-three nights in railway carriages, or slept under his rug on loose straw.

Parhaodd y gwaith yn Ffrainc, a derbyniai George Palmer Davies adroddiadau oddi wrth y Beibl-weithwyr. Dychwelodd Fränckel o Courcelles, lle dioddefodd yntau fel y gweddill o'r gweithwyr. Poenwyd ef gan gatâr a pheswch, ond ar ôl dau ddiwrnod o orffwys mentrodd ymlaen ar ei daith. Ei fwriad oedd mynd â'r Ysgythyrau ar y trên, ond dim ond ar ôl dadlau hir y cafodd ganiatâd gan yr awdurdod militaraidd i wneud hynny. Erbyn iddo gyrraed y lle nesaf ar y daith, roedd yn hanner nos heb obaith am le i gysgu. Cysgodd rai o'r Beibl-weithwyr gyda'r milwyr yn yr awyr agored. Gwely Fränkell oedd sach o geirch mewn shed, a 30 o bacedi o Feiblau yn gwylio drosto. Llawenydd calon iddo oedd y newid yn Coligny. Cafodd wely; cysgodd y Beibl-weithwyr ar wellt glân; croesaw-wyd gwres y tân, a mwynhau yfed te gyda'i gilydd. Oherwydd cysur y lle penderfynodd Frankell ei wneud yn ganolfan y daith.

## Canolfannau

Ar sail buddugoliaethau'r Almaen roedd yn bosibl sefydlu canolfannau newydd i ddosbarthu'r Ysgrythurau, a gwnaethpwyd hynny yn Nancy, Sedan, Hagenau a Rheims. Calondid pellach oedd cael cymorth gŵr mor amlwg â'r Barwn Georg von Bunsen. Danfonodd lythyr at yr Iarll Shaftesbury i ofyn am Feiblau i'r milwyr yn Metz, a throsglwyddwyd y llythyr i George Palmer Davies i wneud y trefniadau angenrheidiol. Sylweddolodd hefyd fod eisiau mwy o gopïau o gyfieithiad Kistemaker i'w dosbarthu yn Ffrainc. Derbyniodd y pwyllgor awgrym y goruchwyliwr y dylid rhoi comisiwn i lyfrwerthwyr a hysbysebwyd hynny yn y papurau lleol. Cyn gwneud yr awgrym casglodd y goruchwylwyr £150 at y costau. Ychydig wythnosau'n ddiweddarach trefnodd i gael argraffiad o'r Ysgrythurau yn Ffrangeg, a sicrhau 20,000 ohonynt. Er bod George Palmer Davies ar flaen y gad ei hun, medrai ddirprwyo hefyd. Gadawodd y gwaith yn Ffrainc o dan ofal Beringer, gŵr a barchai'n fawr.

Parhaodd y carcharorion i lifo i'r Almaen, a gwnaethpwyd trefniadau helaeth ar eu cyfer gan amryw o fudiadau gwirfoddol, a chaplaniaid. Gwnaeth George Palmer Davies gais am gymorth pellach, 'Presented a letter from the same [George Palmer Davies] dated Berlin November 29, stating that the number of French prisoners wounded and unwounded, now in Germany, exceeds 400,000, and requesting on behalf of the Frankfort Depot a further supply of 5,000 Testaments and 10,000 Gospels in French'.

O ganlyniad roedd yn bosibl i weithwyr Cymdeithas y Beibl roi peth amser i'r carcharorion a pheth amser i filwyr yr Almaen, a gwnaeth George Palmer Davies yn sicr fod y gwaith yn cael ei oruchwylio'n ofalus. Parhodd i dderbyn adroddiadau cyson oddi wrth ei weithwyr. Danfonodd Zierenburg, un o'r dynion hynaf, adroddiad o Hanofer, lle'r oedd ef a grŵp bychan yn gweithio, 'Here in Hanover had seven hospitals, the largest being that in castle of Guelphs. In addition to these we had nineteen large sheds, many of them full of typhus patients'. Trefnodd George Palmer Davies i'w weithwyr ymweld â phob un o'r mil o gleifion a letywyd yng Nghastell Guelphs. Pan sylweddolwyd nad oedd dim darpariaeth ysbrydol ar gyfer y carcharorion yn Erfurt, danfonwyd cyflenwad o Feiblau yno.

Danfonodd un Beibl-weithiwr adroddiad o'i waith ymhlith y milwyr ar faes y gad:

I lighted upon a battalion of Saxons in marching orders. I had 150 copies with me, and sold every one as quickly as I could take the money. I ran to my lodgings and fetched 150 more. The men had no time to take off their knapsacks and pack in the book. They had simply unfastened a button of their uniform, and were marching out with the New Testament on their breasts. The officers allowed their men to buy while marching, and I kept running along to keep pace with them.

Ymwelodd y Cymro yn bersonol â Danzig lle'r oedd yr amgylchiadau'n warthus, nid oherwydd y rhyfel yn unig, ond oherwydd natur gwaith y bobl hefyd. Porthladd ar y Baltig oedd Danzig, yn rhan hanfodol o economi'r wlad. Dyma lle dycpwyd y grawn, yr ŷd, gwenith, rhyg, haidd, ceirchwyn, a phys, o wlad Pwyl a rhannau o'r Almaen. Roedd dau ddosbarth o weithwyr yn gyfrifol am hynny; y rhai ar yr ysgraffau, oedd yn gartref i'r gweithiwr a'i deulu. Roeddent yn weddol gyffordus. Tra gwahanol oedd bywyd y dosbarth arall, y rhai oedd yn gyfrifol am y rafftiau, a'u lleoedd byw yn frwnt a thlawd. Gyda thristwch y dywedodd Davies:

In all of my experience I have never seen a nearer approach to savage life. Filth and rags constituted their clothing, an improvised straw hut on the river's bank, not as large as a gipsy tent, or if larger, then for several persons, their only lodging; four dirty tin-pots their entire cooking apparatus, and one dish out of which they took their food in the open air, the common plate of each company.

Llwythwyd y grawn ar y banc, ac yn y broses o werthu Iddew fel arfer oedd y dyn canol. Y menywod oedd yn paratoi'r ŷd cyn ei werthu. Arferent ddod o'r wlad; aros am gyfnodau byr, a hwythau, fel y dynion yn gor-yfed. Felly gweithiai'r Beibl-weithwyr ymysg yr ysgryffwyr oedd yn Almaenwyr, rafftwyr oedd yn Bwyliaid, Iddewon, a gwragedd Casubian a ofalai am yr ŷd. Ysbardunwyd George Palmer Davies i weithio'n galetach, oherwydd gwyddai'n iawn na fyddai neb yn trafferthu gyda rhai felly ond dynion Cymdeithas y Beibl a rhai tebyg iddynt. Yn y wlad o gwmpas y porthladd roedd cartrefi'r Almaenwyr a'r Pwyliaid Iddewig, a oedd yn fwy dysgedig a chyfforddus eu byd.

Gwahanol iawn oedd y gwaith yn yr ysbytai a'r carchardai. Weithiau cafwyd gwirfoddolwyr i gynorthwyo'n annisgwyl yn y lleoedd hynny. Yn Ngholberg cafodd un o'r gweithwyr gwmni ysgolfeistr i fynd i'r barrics, a boddlonodd i fynd i'r ysbytai ei hunan. Gwnaeth ei waith yn drylwyr ond cafodd hi'n anodd i beidio a rhoi Ysgrythurau am ddim i bob person posibl. Disgyblodd ei hun a cheisiodd gael prawf o ddidwylledd y rhai a ofynnai am Ysgrythur. Nid oedd amheuaeth ynglŷn ag un o'r clwyfedigion, oherwydd dangosodd chwech tudalen o nodiadau i'r ysgolfeistr, ffrwyth yr hyn a ddaeth i gof y claf wrth iddo feddwl am yr hyn a ddysgodd yn y gorffennol. Mewn ysbyty arall arweiniwyd y Beibl-weithiwr o ystafell i ystafell gan ŵr caredig, a llwyddwyd i wneud gwaith o wely i wely. Yn Erfurt un o'r carcharorion oedd y gwirfoddolwr. Cymerwyd ef yn garcharor ar ôl brwydr Sedan a brofodd yn ergyd dost i Ffrainc. O'r 15ed o Fedi hyd 20ed o Hydref ni chafodd unrhyw gysur Cristnogol ac nid oedd un llyfr o fewn cyrraedd iddo. Clywodd Dr Wichern am yr angen a chafodd gyflenwad o Ysgrythurau ar gyfer Erfurt. Cefnogwyd ef yn eiddgar gan y carcharor. Bwriad Biot oedd cael un o'r Efengylau i bob carcharor yn y ddinas, nid yr 'entertaining reading (anecdotes) which you are in the habit of sending'. Bu Biot farw 13 Ionawr 1871 o'r frech wen.

Yr iaith oedd un o'r problemau yn yr ysbytai a'r carchardai, oherwydd prin iawn oedd y rhai oedd yn medru mwy nag un iaith. Llwyddwyd i gael cyfieithydd weithiau, ond yn aml iawn bodlonwyd ar iaith fratiog ac ystumiau. Cyfeiria George Palmer Davies at 14eg o ieithoedd, heb eu henwi, ond mae'n bosibl gwybod beth oedd nifer ohonynt. Defnyddiwyd y Ffrangeg a'r Almaeneg yn helaeth, ond ceir cyfeiriadau at Lydaweg,

Eidaleg, Pwyleg, tafodiaith Enghardine, a braidd yn annisgwyl, yr Arabeg. Dyma iaith y Twrcos, pobl diddorol iawn ond nid y rhai mwyaf atyniadol. Brodorion o Algiers oeddynt a ddenwyd gan Napolean i ymladd drosto. Medrent fod yn ffiaidd, a dywed un adroddiad amdanynt yn ystod rhyfel 1870, 'eu bod yn digroeni pennau rhai o'r Germaniaid clwyfedig, a blingo wynebau rhai eraill'. Neilltuwyd y Parch. J. Lowitz i fod yn gyfrifol am y gwaith ym mhlith y bobl hyn, ac aeth Wolff, fel cynrychiolydd G. P. Davies, i blith y Twrcos er mwyn cael gweld beth yn union oedd yr anghenion. Davies ei hun a ddaeth o hyd i Lowitz, a chwmni o Gristnogion oedd yn gyfrifol am ei gynnal yn ystod yr wythnosau cynnar. Apeliodd y goruchwyliwr at y pwyllgor yn Llundain i gyflogi Lowi-tz yn ystod y rhyfel. Cytunwyd i wneud hynny am gyfnod byr, ond ni thalwyd y £60 treuliau y gwnaethpwyd cais amdanynt gan y cwmni o Gristnogion a fu'n cario'r baich hyd hynny.

## Y Swisdir

Nid yr Almaen a Ffrainc oedd unig feysydd gweithgarwch George Palmer Davies. Gwlad agos at ei galon oedd y Swistir, a chafodd gyfle ychwanegol yn awr i ddangos ei ofal drosti.

Cyfeiriodd pwyllgor Cymdeithas y Beibl ato, gan ddweud am 'the steps he was taking to provide adequate supplies of Scriptures, both for the country and for distribution among French soldiers who have entered Switzerland'. Llifodd tua 80,000 o garcharorion rhyfel i'r wlad, ond wynebwyd yr her yn ffyddiog gan Herzog-Reber, Schlatter, Keller a Miss Gruet, un o ffrindiau agos George Palmer Davies. Agorwyd eglwysi, capeli ac ysgolion i letya'r carcharorion. Cafwyd cyflenwad o Ysgrythurau i'w dosbarthu hefyd. Ni fedrai Miss Gruet ddweud i bob carcharor gael copi o ran o'r Ysgrythur, ond roedd yn sicr i'r mwyafrif gael rhyw ddarn. Roedd yn hyderus y byddai'r dynion, nid yn unig yn darllen yr Ysgrythur, ond yn mynd â'r hyn a gawsant adref i'w teuluoedd. Yn ei adroddiad dywedodd Schlatter iddo weithio mewn 30 o ganolfannau, a chyfeiriodd at ei ymateb personol ef, ac eraill:

> In the barracks & camps we economized our New Testaments, but in the lazarets how could economy be thought of? In the presence of sick & wounded men, imploring by word & gesture, with outstretched arms to refuse was an impossibility. Even now telegrams reach us from all sides begging for Testaments.

Hyd yn oed ar ôl i'r Ffrancwyr ddychwelyd i'w gwlad, ni fedrai'r gweithwyr yn Neuchâtel eu hangofio, a ffurfiwyd pwyllgor o dan lywyddiaeth y Parch. H. Junod, i anfon gweinidogion, efengylwyr a Beibl-weithwyr, i weithio ym mhlith y rhai a fu'n garcharorion. Awdurdodwyd George Palmer Davies i anfon pum cant o Ysgrythurau i'r pwyllgor, ynghyd â chyflenwad i'w gwerthu am bris rhesymol.

Os oedd George Palmer Davies yn weithiwr diflino ac yn disgwyl i eraill fod yn gwbl ymroddedig, ni anghofiodd am anghenion ei weithwyr a'r rhai llai ffodus. Pan fu farw dau ohonynt sicrhaodd Davies gymorth i'r gweddwon. Bu un o weithwyr De Pressense mewn helbul gyda'r awdurdodau yn Ffrainc, a'i garcharu. Llwyddodd Davies i gael cyflog dau fis i'r dioddefwr a chael rhodd bellach i dalu am y dodrefn a gollodd yn yr achos. Gwnaeth y goruchwyliwr yn siŵr fod Wolff, gŵr ei ddeheulaw, yn cael codiad yn ei gyflog. Tri arall a gafodd gymorth parod oedd Wilmer, pan gyhuddwyd ef o broselytio, Hieronimus, un o'r gwirfoddolwyr selog, a Hoppe, ar ddiwedd cyfnod o 25 o flynddoedd yng ngwasanaeth y Gymdeithas.

Cytunodd y pwyllgor yn Llundain i gyflwyno Testament Newydd a'r Salmau i weddwon y rhai a laddwyd yn y rhyfel. Gyda'i sêl arferol aeth George Palmer Davies ati i drefnu, er y gwyddai'n iawn am yr anawsterau gan fod y teuluoedd yn wasgaredig. Cafodd gefnogaeth barod y gweinidogion, a bu'r hysbysebu yn y papurau lleol yn ffrwythlon. Yn Saxony trefnwyd y gwaith yn ofalus o blwyf i blwyf er mwyn gwneud yn siŵr na fyddai neb yn cael ei esgeuluso. Sylweddolwyd y dylid cynnwys rhieni y rhai dibriod a fu farw, ac ni bu'r goruchwyliwr fawr o amser cyn cael caniatâd i weithredu.

Derbyniodd George Palmer Davies gannoedd o lythyrau i ddiolch am y gymwynas, a llawer ohonynt yn ddwys dros ben. Ymhlith y gohebwyr o Stettin roedd un o drefnwyr y dosbarthu, ac yntau wedi colli dau fab yn y rhyfel. Collodd teulu arall ddau fab, a phan ysgrifennodd y fam i ddiolch am y rhodd, cydnabyddodd ffiniau rheswm, a mynegi ei ffydd yng ngair Duw. Dyma ei sylfaen hi a'i gŵr i adeiladu eu bywydau ac wynebu'r dasg o ofalu am eu deg plentyn. Gofid a gobaith oedd yn llythyr y gweinidog Protestannaidd a ysgrifennodd o Nassau. Collodd ei fab disglair a laddwyd yn ystod y brwydro ar Loire. Derbyniodd yr 'Iron Cross', ond bu farw ac yntau ond 23ain mlwydd oed. Soniodd y tad amdano yn ddiolchgar a ffyddiog. Llawenydd iddo oedd y ffaith bod ei fab wedi cadw ei ffydd syml hyd y diwedd:

> He was in the battle of Sedan and for a time, at the siege of Paris, but then was ordered, with the Division in which he served, to the army operating in the Loire. On December 3 he received the Iron Cross for his bravery. On December 8 he was wounded, by a chassepöt ball. On January 2 he died. I had six children; three died, two daughters and this son remained to me. Now he too has gone. The Lord has taken him. The Memorial Testament I shall use in the public services of my church.

Dengys yr holl drefniadau sensitifrwydd Davies a'i weithwyr, a ffydd gadarn nifer fawr o'r teuluoedd.

Ar ôl brwydro brwnt, croesawodd y gweithwyr gyfnod o heddwch, er bod digon o waith i'w gyflawni. Anodd oedd ei gwblhau oherwydd effaith niweidiol y rhyfel ar y wlad, ac ar weithwyr Cymdeithas y Beibl. Amharwyd ar iechyd amryw ohonynt, sawl un a'r frech wen ac un achos difrifol o diwmor ar y stumog. Dioddefodd George Palmer Davies ei hun oherwydd bod allan ym mhob tywydd a pharlyswyd ei fraich am gyfnod. Ar ddiwedd y rhyfel aeth yn ei wendid i gyfarfod â'r Ymherodr i dderbyn ei ddiolch am waith da'r Gymdeithas yn ystod y rhyfel. Wedi dychwelyd o'r cyfarfod llusgodd George Palmer Davies ei hun i'r gwely, 'after the long and fatiguing journeys of the war'. Ar gais y pwyllgor yn Llundain enwebodd bedwar o weithwyr y swyddfa a chwech dosbarthwr i dderbyn rhoddion oddi wrth y Gymdeithas. Derbyniwyd awgrym y goruchwyliwr y dylent gael £48-15-0 yr un. Dangosodd y Gymdeithas ei gwerthfawrogiad o wasanaeth George Palmer Davies trwy dalu £110-10-6 o gostau iddo a rhodd o £50.

Trwy gytundeb 10 Mai 1871, rhoddwyd Alsace a Lorraine i'r Almaen. Ymwelodd y goruchwyliwr â Lorraine, ac er mwyn osgoi gwrthwynebiad oddi wrth y Ffrancwyr a'r Almaenwyr, dewisodd M. Schmidt, gŵr o Alsace, i fod yn gyfrifol am y gwaith. Agorwyd is-ganolfan yn Metz, a dwy ganolfan yn Alsace, ond araf oedd datblygiad y gwaith yno. Yn ôl y goruchwyliwr amser yn unig oedd i ddangos os oedd Cristnogaeth Feiblaidd i wreiddio'n ddwfn yn y rhan hon o Ewrop. Dyma ymateb nodweddiadol eto ar ran y goruchwyliwr; mynnu cydio yn y gwaith mor fuan ag oedd yn bosibl ar ôl ei salwch; cadarnhau'r gwaith lle'r oedd angen am hynny; cynllunio ar gyfer y dyfodol, a dal ati'n ffyddiog. Iddo ef, yn anad neb, yr oedd y diolch am lwyddiant 'one of the most important works Divine Providence ever trusted to the Society'.

# DOSBARTHU'R GAIR: GWRTHWYNEBIAD

## Cyfnod o Erlid, Madagascar 1835-43/63

Yn ystod y cyfnod o 1819 hyd 1835 trwythwyd nifer dda o frodorion Madagascar yn y ffydd Gristnogol, agorwyd ysgolion, cyfieithwyd yr Ysgrythur a phrofwyd bendith ysbrydol anarferol yn union cyn 1835. Teimlodd David Griffiths yr anadl o'r pedwar gwynt yn chwythu arnynt, ond yn fuan iawn storm o'r ddaear a ddaeth i geisio dileu y fendith o'r nefoedd. Cafwyd awgrymiadau o hyn cyn 1835, ond yn y flwyddyn honno agorwyd pennod ddu yn hanes Madagascar. Ar y Sul olaf o Chwefror, pregethodd David Griffiths ar Mathew 16:26, a Hosea 14:9, Sul olaf y rhyddid. Ar y dydd Iau canlynol cyfarfu deugain o swyddogion â'r Ewropeaid yng nghapel David Griffiths, a chyhoeddwyd yn glir ac yn derfynol, y ddedfryd yn erbyn Cristnogaeth ar yr ynys.

Gwaharddwyd dysgu'r brodorion yn y ffydd Gristnogol, addoli cyhoeddus, cyfarfodydd i ddarllen a gweddïo, gan nodi llyfrau oedd yn enwi 'Iesu' a 'Jehofah', a gwaharddwyd cadw'r Sul. Cafodd plant yr Ewropeaid ganiatâd fynd i i'r ysgol ond nid oedd y Beibl i'w ddefnyddio yno. Cadarnhawyd y trefniadau hyn mewn dau lythyr a ddanfonodd y frenhines at yr Ewropeaid, gan ychwanegu nad oedd ganddynt hawl i ddal tir ar yr ynys, oherwydd y hi oedd y 'sole proprietor of land'. Atebwyd y llythyrau gan y cenhadon, ac eithrio David Griffiths. Dadlau a wnaethant am ryddid i ddysgu gair Duw. Dyma'r gair bywiol, a bodlon oeddynt i beidio a phrynu tir er mwyn i'r brodorion gael darllen y Beibl, a gwrando ar bregethu. Cyn i ateb anffafriol y frenhines eu cyrraedd, gwawriodd Sul 1 Mawrth 1835, pryd y cadarnhawyd yn gyhoeddus yr hyn oedd yn hysbys eisoes. Cyfyngwyd ar rif yr ysgolion i' r plant a oedd o dan addysg ar y pryd i ddwy, ond rhybuddiwyd hwy os gwedd i̇ent ar ôl dod adref mai'r gosb oedd marwolaeth. Disgwylid i bob milwr a chaethwas eu cyhuddo eu hunain a chyffesu iddynt gyfeiliorni. Y frenhines oedd i gyhoeddi tynged yr euog. Anelwyd at bump o ddosbarthiadau, swyddogion militaraidd a'u gwragedd, milwyr cyffredin, dinasyddion, athrawon ac ysgolheigion. Y gosb i'r swyddogion milwrol a dinasyddion oedd eu diraddio, a disgwylid i bennaeth pob ardal ddanfon ych ac un ddoler fel arwydd o edifeirwch y Cristnogion. Un cyfle yn unig a roddwyd, a'r ddedfryd am anufudd-dod pellach oedd marwolaeth. Yn achos caethwas anufudd gofynnwyd am hanner ei werth a dirwy oddi wrth ei berchennog, a'r caethwas druan i'w losgi'n fyw, os na fyddai'r frenhines yn gweld yn dda i farnu'n wahanol. Felly, gellid diraddio, dirwyo, dodi i farwolaeth, poenydio a hefyd brofi trwy'r 'tangena', un o agweddau mwyaf arswydus yr erlid. Prawf trwy yfed gwenwyn oedd hwn a weinyddid gan un o swyddogion y llywodraeth ('mpampinoma'), a'r swyddog hwn a fyddai'n etifeddu eiddo pwy bynnag a brofid yn euog. Ar ôl i'r cyhuddedig yfed y gwenwyn rhoddid bwyd iddo, a derbynid ei chwydu fel arwydd ei fod yn ddieuog, a diffyg chwydu yn arwydd ei fod yn euog. Medrai'r gweinyddwr ddwysáu'r poen trwy roi ffrwythau anaeddfed i'r cyhuddedig, ond 'roedd yn bosibl llaesu'r poen a digwyddai hyn pan dderbyniai'r swyddog roddion gan y dioddefwr. Nid oes amheuaeth fod y swyddog hwn yn allweddol i ddiogelu awdurdod y frenhines a'i threfn arbennig hi ar gyfer yr ynys, y drefn lle'r oedd hi yn unben; diogelwyd y drefn gan yr ychydig ffyddlon oedd yn elwa'n bersonol oherwydd eu ffyddlondeb.

Achos o'r 'tangena' oedd y rheswm uniongyrchol dros y mesurau ym mis Mawrth, er bod gwir achosion y tu ôl i hyn, wrth gwrs. Gorfodwyd Cristion ifanc i dderbyn y prawf oherwydd iddo wrthod cadw'r dydd Sadwrn fel dydd arbennig. Pan wrthwynebodd, hysbyswyd yr awdurdodau yn y brifddinas, a chredodd y rhai hynny y dylid gweithredu'n syth. Ym marn Edward Baker y gwrthwynebiad i 'bur a thragwyddol air Duw' oedd y tu ôl i'r erlid, er bod natur cymeriad y frenhines yn gyfrifol i raddau, gan ei bod hi'n greulon a thrahaus. Mae'n wir bod galw am weithredu'n gadarn oherwydd y bygythiad oddi wrth y penaethiad lleol, a chyflwr economaidd ansicr y wlad. Dyma'r union bethau a flinai'r brenin, ond gweithredodd ef yn llawer mwy pragmataidd na'i olynydd. Mae'n siŵr fod ganddi ddymuniad cywir i ddiogelu arferion ei gwlad, ond nid oedd ganddi'r gallu i weithredu'n y ffordd orau, ac roedd hi'n casáu Ewropeaid hefyd. Adar o'r unlliw oedd gwŷr ei deheulaw, yn meddwl mwy am elw nac am egwyddor, a gallent fod yn ffïaidd o greulon. Cyfeiriwyd at yr un mwyaf dylanwadol fel Robespierre Madagascar.

Ni wastraffwyd amser i gymhwyso'r deddfau. Deliwyd â'r llyfrau anghyfreithlon:

> The people began to bring in the books on March 7 amidst much scoffing of the officers who read them. To the Christians nothing seemed to have been so grievous as the loss of their books.

Gwrthwynebau'r Frenhines Air Duw yn ffyrnig. Rhaid oedd ufuddhau. Dodwyd y llyfrau mewn ystafell eang mewn palas, ond gan fod llyfrau David Griffiths yn eu plith, cariwyd hwy gan ddeg ar hugain o ddynion at y Cymro i'w gosod yn y 'Repository'. Darllenwyd y llyfrau i'r frenhines a phedwar o ddynion ei deheulaw, a chondemniwyd pob cyfrol oedd â gair neu eiriau peryglus ynddynt. Bu'r gair 'tywyllwch' yn ddigon i gondemnio llyfr Genesis, a'r gair 'Iesu' yr holl o'r Testament Newydd. Cymaint oedd y gofal er mwyn chwilio'r llyfrau i gyd, trefnwyd cathod i wylio'r lle, rhag ofn i'r llygod ddifa'r casgliad.

Meddiannwyd y credinwyr gan siom a gobaith, siom oherwydd colli'r llyfrau, a gobaith oherwydd rhagluniaeth Duw, siom oherwydd colli cyfle i ddarllen gair Duw a gobaith oherwydd yr addewid na ddychwelai ato yn wag. Cyfeiria David Griffiths at ymateb y Cristnogion:

> Amryw o'n cyfeillion anwyl a gymerasant Fiblau lawer, yn nghyd ag amryw ranau o hono, yn ddirgelaidd, ac a'u dodasant mewn cistiau (boxes) ac a'u cuddiasant dan ddaear yn eu tai, fel y gallent eu darllen ganol nos, pan y byddai eu cymdogion yn cysgu.

Cawsant esiampl y cenhadon i chwilio'r Ysgrythurau. Cyfeiria David Johns a'i wraig at gyfnod prysur yn ystod y cyfnod o 1833 hyd 1834 pryd y bu'r ddau yn hyfforddi'r brodorion, a hynny yn aml hyd hanner nos. Am gyfnod o naw mis cyn gadael yr ynys bu David Johns ar ei draed sawl noson o'r wythnos, a'i gynorthwyo'n achlysurol gan gan ei wraig. Roedd y gŵr wedi cyfieithu *Taith y Pererin* i'r Falagaseg, a dosbarthwyd chwech neu wyth o gopïau llawysgrif ym mhlith y bobl. Llwyddodd y cenhadon hefyd i gladdu saith deg o Feiblau, amryw Destamentau, llyfrau, catecismau a llyfrau emynau.

Gwnaeth un Cristion mwy beiddgar na'r lleill, adael tudalen o Efengyl Mathew wrth ddrws y prif swyddog, a phennod 23:13 wedi ei marcio arni. Ysgrythur arbennig oedd sail adnabyddiaeth y Cristnogion o'u gilydd. Ar ôl gofyn y cwestiwn yn Jeremeia 30:15, cafwyd yr ateb, 'As the Lord liveth, which made us this soul, I will not put thee to death, neither will I give thee into the hand of those men who seek thy life'. Bu Rasalama (heddwch), a Rafaralahy (mab ieuengaf), yn ffyddlon hyd angau, a gwnaeth eu merthyrdod ysbrydoli cenedlaethau o Gristnogion. Mentrodd un Cristion dderbyn copi o'r Salmau, ac yn fuan wedyn y Testament Newydd, ond pan ddarganfuwyd hyn gosodwyd ef i farwolaeth. Cafodd grŵp bychan o gredinwyr gysur mawr, fel Luther gynt, wrth ddarllen Salm 46, yn arbennig felly ar ôl i un ohonynt gael ei werthu fel caethwas.

Cwrdd yn y dirgel oedd yr unig ffordd i weddïo a darllen y Beibl, a digwyddai hynny mewn mannau coediog, neu mewn tŷ a mur o'i gwmpas, gyda drws cloëdig. Cawsant gyfle i ddisgwyl oddi wrth Dduw heb athrawon dynol, ond mewn ychydig flynyddoedd cafodd rhai o'r arweinwyr ganiatâd i ddychwelyd dros dro. Ym 1837 cafodd David Jones gyfle i fynd i'r ynys, a'r un flwyddyn, ysgrifennodd David Griffiths at yr Arglwydd Palmerston i ddadlau hawl i 2,500 doler oddi wrth y frenhines. Ni chafodd y cenhadwr ateb boddhaol, ond ar ôl anfon at y frenhines ym Madagascar rhoddwyd caniatâd i Griffiths fynd yno am bum mlynedd. Croesawodd David Griffiths y cyfle, a gobeithiai ddadlau achos y credinwyr erlidiedig. Aeth â'i fab, Ebeneser, gydag ef, cyrraedd Mauritius ym mis Awst 1838 a Tamtave ar 17 o'r mis. Ar eu ffordd i'r brifddinas cyfarfu'r ddau â Dr Powell, cyd-Gymro, gŵr a gafodd ganiatâd i fynd i Mauritius i sicrhau moddion i'r frenhines. Cyrhaeddodd Powell o Mauritius yng nghwmni David Johns, ac, felly, 'roedd pedwar Cymro, y tri David a Powell, yn barod i gynorthwyo'r credinwyr.

Pan gyrhaeddodd David Griffiths, daeth y Cristnogion ato yn ystod y nos mewn dagrau, i'w groesawu ac i adrodd hynt rai ohonynt. Clywodd Griffiths am y chwech a lwyddodd i ddianc i Mauritius, a Rafaravavy yn eu plith, yr un a gyhuddwyd o gadw'r Sul, trafod materion crefyddol a darllen yr Ysgrythur. Llwyddodd hi, a phedwar arall, ddianc, ac ymunodd y chweched â hwy yn Toamasina, lle'r oedd David Johns, trwy Dr Powell, wedi bod yn cynorthwyo gyda'r trefniadau a sicrhau arian i'r ffoaduriaid. Cyrhaeddodd y cwmni Mauritius, a gwnaethpwyd trefniadau manwl iddynt groesi i Lundain. Ar ôl cyrraedd, buont yno am bedair blynedd, pryd y cawsant fwynhau gweinidogaeth J. J. Freeman, a bu dwy ohonynt o dan ofal Mrs David Johns. Cawsant gyfle hefyd i ymweld â Chymdeithas y Beibl i ddiolch am bob cymorth ac annog y Gymdeithas i anfon cyflenwad o Ysgrythurau i Mauritius ar gyfer Madagascar, a derbyniasant gopïau o

Ysgrythurau Saesneg. Bu un o'r chwech farw yn Llundain, ond dychwelodd pump, a bu Rafaravavy a Joseph yn athrawon diwyd ym Mauritius. Llawenydd mawr i David Griffiths oedd clywed hyn, a llonnwyd ei galon wrth weld dewrder Raminhay, nyrs ei ail blentyn. Cuddiodd hi un o'r Cristnogion mewn gwter dros nos, ei ddwyn yn y bore at David Griffiths a gwnaeth yntau guddio'r crediniwr yn y llofft cyn mynd ag ef i le diogel. Parhaodd Griffiths a'i gyd-Gymry i herio bob perygl a chalonogwyd hwy yn fawr gan agwedd y LMS, a oedd yn eu hannog i barhau gyda'r gwaith, 'You need not hesitate about the expense'. David Johns a dderbyniodd y llythyr a dangosodd ef i Powell, a gwnaeth yntau ei ddangos i David Griffiths tra'n aros gydag ef ym Madagascar. Yn ystod y cyfnod byr hwn yn yr ynys, tyfodd cyfeillgarwch clos rhwng Griffiths a Powell a chytunasant 'to act in concert for the relief of those who were persecuted'. Gwnaethpwyd ymdrech lew i roi bwyd, dillad ac arian i'r anghenus, a gwneud eu gorau i weinidogaethu i holl anghenion y dioddefwyr. Llwyddodd Powell a Griffiths i wneud hyn yn achos Obadia, 'pendefig duwiol a selog'. Cododd ef fur o gwmpas pentref bychan er diogelwch iddo ef ei hun a'i bobl, a gwnaeth ystafell eang o dan ei dŷ i guddio ffoaduriaid. Llwyddodd i gadw deunaw o bobl yno am gyfnod o 14 o fisoedd. Yn ôl Griffiths roedd y cwmni wrth eu bodd yn chwilio'r Ysgrythurau. Wrth ddod ar draws adnodau anodd, rhestrid hwy'n ofalus er mwyn eu dangos i Griffiths, a dywed yntau, 'Ni a fuom nosweithiau cyfain yn aml yn egluro yr adnodau a benodent'. Brithwyd eu llythyrau â chyfeiriadau Beiblaidd. Wrth ddiolch am gymwynas, cyfeiriwyd at Mathew 5. 7, Eseia 32.8, ac ychwanegu: Yr ydym yn cael llawer o ddyddanwch i'n meddyliau wrth fyfyrio ar yr adnodau yn Gen. xxxii: 10, 11. Exod. xv: 23-25. Deut. vii: 17-23. Numeri xxiii: 19. 1 Sam xv: 20. Malachi 3:6. Rhuf. xi: 29. Iago 1:17. Titus 1:2. Salm cxlii. Nehem 1:5, 6. 2 Chron. vi: 40. Dan ix: 17-20. O! gweddiwch drosom, Iago v:18. Y mae Obadiah yn hynod o ofalus am danom. O, rhyfedd mor dda yw yr Arglwydd i ni!! Byddwch wych a dedwydd, medd Andriantsalama, Josiah a Paul, a'u cydymdeithion yn cyd-gario'r groes.

Mae'r cyfeiriadau'n arwyddocaol. Daeth cymeriadau'r Ysgrythur yn fyw i'r cerdinwyr ar ddaear Madagascar. Roedd profiadau Jacob, Daniel a Nehemiah yn brofiadau i'r Cristnogion, ac nid yn unig yn gyffredinol ond yn benodol, oherwydd fel roedd arwyr y ffydd gynt yn dioddef o dan Pharo ac Artaxerxes yr oedd y credinwyr o dan bawen y frenhines. Gwyddent, er hynny, am Dduw oedd yn benarglwydd a bod dryswch yn drefn glir iddo ef. Y Duw hwn oedd yn ateb gweddi ac yn troi chwerwder Mara i fod yn felys. Roedd athrawiaethau mawr y ffydd, penarglwyddiaeth Duw, rhagluniaeth ac etholedigaeth yn foddion i'w cadw yn yr amgylchiadau anodd. Gallent ymddiried mewn Duw felly, gan wybod y byddai eu ffydd yn cael ei phrofi fel aur mewn tân. Yn yr Ysgrythur y cafodd y Cristnogion oleuni gwrthrychol ar eu profiadau goddrychol. Roedd holl fanylion bywyd i'w hystyried yn ôl y gair. Pan oedd Rafaravavy mewn cyfyngder cofiodd am y cyfeiriadau yn Actau 14. 22, a 2 Timotheus 3. 12. Sicrhawyd hi nad oedd dim llafur yn ofer yn yr Arglwydd, os oedd yr efengyl yn guddiedig, roedd yn guddiedig i'r colledig, ond yr oedd gair Duw i lwyddo. Felly gweddi Rafaravavy oedd am i ddrws gael ei agor i'r gair, 2 Thessaloniaid 3:1-3. Pan guddiodd mewn mat o dan y gwely, y geiriau a ddaeth iddi oedd Diarhebion 3. 25-26, a chafodd gysur o gofio bod Duw wedi diogelu Dafydd yn yr ogof. Nid oedd David Jones yn segur chwaith. Am gyfnod cyfyngwyd ef i Mauritius, ond fel y gweddill o'r gweithwyr gwnaeth ddefnydd da o'r ynys honno fel canolfan, 'Being as on the watch tower in Mauritius'. Roedd yn bosibl agor ysgolion, derbyn credinwyr o Fadagascar ac Ysgrythurau o Lundain ar gyfer y ddwy ynys. Aeth David Jones ati o ddifrif i ddanfon Beiblau a Thestamentau i Fadagascar. Cyn diwedd Mai 1839, danfonodd barsel bychan o Destamentau a Salmau. Mewn llythyr arall datgelodd fwy o'r manylion:

In the first place, there were some sent to the Capital in the centre of a box of medicines. Secondly, in Septr. 12 New Testaments, 12 Psalters, 12 copies of Genesis, Proverbs, Ecclesiastes and Isaiah, and 18 Copies of the Pilgrim's Progress were forwarded. When the box arrived at Tamatave, the Queen's Custom house officers insisted on its being opened and examined. After it was opened, they found nothing on the top, to about 1/3 its depth, but English books, Magazines, Newspapers &c., then, they let it pass and it was forwarded to Antananarivo, the Capital, where is arrived in safety and undetected, and all the copies were distributed silently to the Christians in a very short time as you will perceive from the following Extracts from letters received recently from the Capital. 'You met with a fine opportunity of sending the books by Mr B-- I do not think you could trust anybody else at Tamatave. All (the books) are gone. I could not detain one of them for 24 hours. Should you meet with a confidential person, you might send me another box of them'. I made the best division of them I could. Had I much more, I could dispose of them'.

Mae'n amlwg fod y gweithwyr yn barod i herio'r awdurdodau, fel Tyndale gynt, a'r brawd Andrew yn ein dyddiau ni. Os oedd Duw'n cael ei herio gan Gesar, yna roedd yn rhaid ei herio yntau hefyd.

Dwyshâodd y dioddef a chynyddodd y galw am lyfrau ac Ysgrythurau. Roedd y gair yn dal i gynnal y credinwyr. Dyma a alluogodd y credinwyr fynd trwy brofiadau blin, fel y pedwar a gladdwyd yn fyw ac arllwys dŵr berwedig arnynt yn ôl un hanes, a gwêr berwedig yn ôl adroddiad arall. Pan ddarganfuwyd Romanisa (Joshua), ac wyth arall yn gweddïo a darllen yr Ysgrythur, mynnodd eu teuluoedd iddynt gael prawf y 'tangena', ond llwyddodd y naw i ddianc, a chawsant gwmni saith arall o ffoaduriaid. Deuent at David Griffiths yn ddirgelaidd i dderbyn cymorth, a threfnodd yntau, Dr Powell a Mr Berbyer, iddynt ddianc i Mauritius. Teithiwyd yn ystod y nos yng ngolau llusern a chuddio yn ystod y dydd. Daeth y milwyr ar eu traws i'r gogledd o Ranomafana a'u dwyn i Beforona lle y buont am tua pythefnos. Holwyd hwy yn fanwl am y daith, eu cefndir a'r llyfrau oedd ganddynt. Roeddent yn barod i gario llyfrau ar waethaf y perygl a blinder y daith, a chyfeiriodd un o'r carcharorion at y cysur a gafodd o gofio am hanes 'Cristion' a 'Ffyddlon' yn *Taith y Pererin*. Cyrhaeddodd David Jones i'r un lle yr adeg hon, ond ni ddywedwyd wrtho pwy oedd y carcharorion, dim ond cyfeirio atynt fel lladron a ddaliwyd yn y goedwig.

Ar 19eg o Fehefin daeth swyddogion y frenhines i ddwyn y carcharorion i'r brifddinas. Er bod rhai o'r swyddogion yn garedig roedd y mwyafrif ohonynt yn gïaidd, yn gwawdio, cernodio Holwyd hwy yn fanwl ym muarth teirw Andrianaine, yntau â'i waywffon arian yn ei law, yn arbennig am gyfraniad David Griffiths a Dr Powell i'r fentr. Ar 2 Gorffennaf 1840, cyrhaeddodd David Jones, ac ni holwyd y carcharorion o gwbl. Holwyd David Griffiths hefyd, a chanlyniad hyn oedd gorchymyn i Griffiths dalu ugain doler am ei fywyd, 30 o ddoleri i'w gyhuddwyr a dirwy o 200 o ddoleri. Siarsiwyd ef i adael yr ynys unwaith ac am byth. Apeliodd Griffiths am leihau'r symiau, dadleuodd ei hawl i werth ei dŷ, ac am ganiatâd i gasglu ei ddyledion. Trannoeth gostyngwyd y swm i'w gyhuddwyr i'r hanner, dilëwyd trydedd rhan y ddirwy a chafodd ganiatâd i gasglu ei ddyledion. Gadawodd y ddinas tua 2 o'r gloch y prynhawn, 4 Awst, a hanner cant a phump o ddynion i'w gynorthwyo.

Cafodd David Griffiths gyfle i orffwys ar ôl cyrraedd Mauritius, ond nid dyna oedd ei ddewis. Trefnodd ddwy daith i geisio achub y Cristnogion, yn unol â'i addewid iddynt.. Parhaodd y gyntaf o 26 Hydref hyd 26 Ionawr 1841. Pan ddychwelodd cyfarfu â David Johns a oedd newydd ddychwelyd o Loegr, a David Jones, a oedd yn wael yn ei wely. Hwyliodd Grffiths eto 24 Mawrth 1841 am borthladdoedd Madagascar ac ynysoedd Comora. A rei ddychweliad 4 Medi clywodd fod David Johns wedi mentro i Fadagascar, ond tristwch calon oedd clywed am farw David Jones yn mis Mai. Hwyliodd David Griffiths a'i fab o Mauritius 4 Tachwedd 1841, a gadael David Johns i barhau'r gwaith.

Aeth David Johns i Fadagascar ym 1841, ddwy waith ym 1842 ac 'roedd yn brysur gyda chynlluniau pellach ym 1843. Methodd a chael cyflenwad o Ysgrythurau i'r daith gyntaf ym 1842, a gwaith hawdd oedd dosbarthu'r tri neu bedwar copi o *Taith y Pererin*. Ar yr ail daith, roedd ganddo lyfrau, a'r gri oddi wrth llawer o benaethiaid oedd am 'gyfarfod gair Duw' ('Kabary of Zanahary'). Ar hyd y cyfnod hwn casglodd yn gyson ar gyfer y dioddefwyr ym Madagascar a'r rhai a groesodd i Mauritius. Ym mhlith yr arian roedd £300 o elw *Hanes yr Erlid*. Yn ystod mis Mawrth 1843 trefnodd Johns, gyda Berbyer, i werthu'r nwyddau oedd ar ôl o'r daith ddiwethaf i Fadagascar; ceisiodd setlo mater talu'r capten ar y daith honno; ysgrifennodd lythyrau i sawl gweinidog yng Nghymru i ofyn am gymorth, a threfnodd ar gyfer y dyfodol. Ei awgrym oedd osgoi arfordir y dwyrain ym Madagascar a gwneud Ambongo yn ganolfan i'r ffoaduriaid. Oddi yno gallent groesi i Mauritius. Edrychai ymlaen am y daith nesaf i'r ynys, a oedd mor agos at ei galon. Yn y cyfamser ceisiodd drefnu ar gyfer y rhai a gyrhaeddodd Mauritius a chael hynny'n anodd oherwydd iddo anghydweld â Telfair a Baker. Y 'Sadwrn nesaf' gobeithiai fynd i Moka, lle'r oedd cwmni o Falagasiaid, er mwyn pregethu iddynt. Yng nghanol ei weithgarwch yn chwilio am gredinwyr cuddiedig, daliwyd David Johns gan y dwymyn, a bu farw ar ynys Nosibe, 6 Awst 1843. Parhawyd y gwaith o ddosbarthu gair Duw ym Mauritius. Roedd chwech o Feibl-weithwyr yno, a phenderfynodd dau o'r Cristnogion a groesodd o Fadagascar ymuno â hwy. Cawsant gyfle i roi'r Beibl i eraill.

## Dulliau Eraill

Parhaodd yr erlid ym Madagascar yn hir a chreulon, ond wynebwyd ar wrthwynebiad digon ffyrnig mewn ffyrdd eraill. Medrai fod yn amrywiol iawn. Yn Ewrop roedd amryw o wledydd Pabyddol, fel Llydaw, a rhannau o'r Swisdir a'r Almaen. Ceidwadwyr oedd y pabau, Gregory XVI (1831-46), a'i olynydd Pius 1X (1846-78). Gwelai'r ddau y peryglon oedd yn wynebu'r Eglwys Babyddol. Gwelodd Gregory y bleiddiaid yn ymosod ar y praidd, ac un o'r mwyaf rheibus oedd rhyddfrydiaeth ddiwinyddol. Roedd perygl amlwg iddi danseilio ffydd yr Eglwys. Mynd yn ôl oedd yr ateb, yn ôl at sgolasticiaeth y Canol Oesoedd. A chredai Pius mai gwraidd y drwg oedd Chwyldro 1789. Cytunai'r ddau na ddylid dosbarthu'r Beibl ymhlith y bobl, oherwydd gallai hyn arwain i farn breifat, a hwyluso tyfiant Protestaniaeth. A rhaid oedd rhwystro cyfieithiadau llwgr i fynd i gartrefi, yn arbennig os oedd un o'r teulu yn medru darllen.

Er bod gan Villemarqué gariad mawr at Gymru, ni fedrai ddioddef ddylanwad Protestaniaeth ar y wlad, a mynegodd hyn mewn llythyr, *Contes Populaires des Aciens Bretons*. Atebwyd ef gan y Methodist Calfinaidd, James Williams, *Contes Basse Bretagne et le Pays de Galle*, a dywedodd un sylwebydd, 'I think the Count has little reason to be satisfied with the result'. Gellid canu cerdd i ymosod ac amddiffyn. Yn *Greal y Bedyddwyr*, ceir cyfieithiad mewn rhyddiaeth o gerdd ar y gweithwyr Protestannaidd, y bleiddiaid, a'u neges wenwynig.

Llwyddwyd ambell dro i ddwyn achos yn erbyn y cenhadon a gweithwyr Cymdeithas y Beibl. Pan ddychwelodd James Williams o daith genhadol, hysbyswyd ef bod un o swyddogion y llys gwladol wedi galw i'w weld. Aeth i holi'r swyddog, a dangosodd hwnnw ddwy wŷs i'r Cymro, un iddo yntau, a'r llall i Besconte, y Beibl-werthwr. Cyhuddwyd hwy o weithredu yn anghyfreithlon. Eglurodd James Williams fod ganddo drwydded i wneud ei waith, ac ar ôl trafod, gohiriwyd y mater. Ond ymhen ychydig amser, derbyniodd James William wŷs i ymddangos gerbron yr awdurdodau unwaith eto. Amdiffynwyd ef yn alluog gan Le Fourdrey; gohiriwyd yr achos, ac ymhen ychydig ddyddiau cyhoeddwyd Williams yn ddieuog . Profodd James Williams golled pan wnaeth yr awdurdod lleol yn Quimper, feddiannu'r capel cyntaf a godwyd gan y Methodistiaid Calfinaidd, er mwyn codi marchnad ar y safle.

Peryglus dros ben oedd ymateb teimladol y dyrfa; gallai fod yn ffiaidd. Mewn basâr yn Kot Chota yn yr India, daeth gwrthwynebiad llafar oddi wrth un person; un arall yn taflu Beibl i'r llawr, a gwnaeth trydydd person dynnu 'pagu' (twrban), y gweithiwr, arwydd o anfri. Pan gyrhaeddodd John Thomas bentref Cassome yn Sardinia, canwyd cloch yr eglwysi i alw'r bobl ynghyd i wrthwynebu'r ymwelydd, ac mewn amser byr wynebwyd John Thomas gan dyrfa o ddau gant. Dechreuodd yr offeiriad ddadlau, a'r maer yn sefyll wrth ei ochr. Cyrhaeddodd Zampetti, y Beibl-weithwyr, a chythruddwyd y dyrfa fwy fwy. Lluchiwyd cerrig a phrennau at y ddau. Sylweddolodd y maer fod y sefyllfa yn beryglus, a defnyddiodd ei awdurdod i ddwyn heddwch i'r pentref.

Nid oes amheuaeth i'r ysbryd ymerodrol gymhlethu'r sefyllfa mewn sawl gwlad. Profwyd tra-awdurdod Ffrainc ym Madagascar, Tahiti, a Chanada; tra-awdurdod Prydain yn yr India, a bygythiwyd Tsiena gan Ffrainc, Prydain, Siapan a Rwsia. Gwnaeth y gwledydd ennill yn faterol ac addysgol, ond roedd y gwledydd ymosodol yn elwa hefyd. Elwa ar draul y Tsieneaid a wnaeth Prydain. Gresynai Griffith John at drachwant Prydain, a hithau yn derbyn £14 i £16 milliwn y flwyddyn am y gwenwyn dinystriol. Roedd elw i'w gael, ond nid oedd y Tsieneaid eisiau gweld tramorwyr yn ei gwlad. Roeddent yn ddrwgdybus iawn o estroniaid. Eisiau llonydd oedd pobl Tsiena; ceidwadaeth oedd nodwedd amlwg eu bywyd.

Pan aeth W. P. Martin i Tsiena tua chanol y bedwaredd ganrif ar bymtheg, croesawyd ef a'i ffrindiau â'r waedd, 'Foreign devils, cut off their heads'. Ym mhentref Wei, profodd Griffith John, ac eraill, wrthwynebiad ffyrnig. Unodd yr holl bentrefwyr i'w gwrthwynebu. Dechreuwyd gwaeddi a sgrechian; cynhyrfwyd y dyrfa, a dechreuwyd taflu tylpau o glai at yr estroniaid. Ceisiodd Grifith John eu tawelu, ond i ddim pwrpas. Parhau a wnaeth y taflu, a tharawyd Griffith John yn ei wyneb nes i'w geg waedu, a tharawyd ei gydymaeth Dr Mackenzie sawl gwaith. Chwyddo a wnaeth y gwaeddi, 'Beat the foreigners'; 'Kill the foreigners'; 'Back with them to Hankow'. Roedd y ddau yn awyddus i fynd ar eu taith, ac roedd rheidrwydd i groesi pont, ond ni allent fentro, oherwydd roedd tua mil o bentrefwyr yn ei hamddiffyn. Yn rhyfeddol, cawsant ganiatâd i ddychwelyd i Hankow (Hupeh). Digwyddodd mwy o gynnwrf yn ystod 1900. Cafodd llawer o wŷr goleuedig gefnogaeth yr Ymerodr i gyflwyno mesur o ddiwygiad, ond gwrthwynebwyd hwynt gan yr Ymerodr Dowager. Glynodd hi wrth safonau traddodiadol, ac roedd yn rhy bwerus i'w gwrthwynebu'n effeithiol. Dyma gyfeiriad at y sefyllfa: The country was in a state of excitement. A wave of hysteria, part politically, part religious, swept over the north, and an insignificant secret society called the Ho T'un (known to the west as the Boxers), suddenly assumed alarming proportions.

Cafodd y Boxers awdurdod swyddogol, ynghyd â'r fyddin, i yrru pob estron o Hih-li. Ynghanol yr helynt, roedd yn amhosibl dosbarthu'r Ysgrythurau, a dinistriwyd llawer ohonynt, deng mil o gopïau yn Tientsin. Llosgwyd tŷ Hopkin Rees, y cenhadwr, cefnogydd brwd i waith y Feibl Gymdeithas. Bu'n dyst i ffyddlondeb y Beibl-weithwyr yn ystod y flwyddyn, a nodi dioddefaint llawer ohonynt. Yn yr Almaen, gofidiai George Palmer Davies wrth weld cynnydd mewn materoliaeth ac anghrediniaeth. Roedd cymhlethdodau politicaidd, cymdeithasol, a chrefyddol. Yn ôl cynrychiolydd y Feibl Gymdeithas, roedd tair elfen i'w hystyried, Pabyddiaeth; Cristnogaeth efengylaidd, a Sosialaeth. Roedd eglwys Rhufain yn tra awdurdodi, a'r Sosialwyr yn wrth-Dduw. Ar y chwith eithaf roedd Karl Marx, ac yntau'n credu bod Duw yn amherthnasol, a chrefydd yn opiwm y bobl. Ond sylwodd George Palmer Davies ar y newidiadau oddi mewn i'r Eglwys hefyd. Y drwg yn y caws oedd gweithiau Srauss, oedd yn tanseilio'r gred yn nwyfoldeb unigryw yr Iesu. Yn unol â'i Hegeliaeth ceisiodd Srauss lunio Iesu a fyddai'n wahanol i'r darlun goruwchnaturiol ar y naill law, ac ar y llaw arall yn wahanol i ddarlun y rhesymolwyr. Nid oedd dim yn unigryw yn yr Iesu. Ni lwyddodd yn ei fwriadau, 'it seems to have the effect of turning many readers into complete religious sceptics'. Yn Ffrainc, enillodd Lassalle, yr Hegeliad brwd, lawer o ddilynwyr; roedd yn dduw iddynt. Ystyriaeth gymdeithasol a lywodraethau ei feddwl. Cael y gweithwyr i ddod at ei gilydd oedd yr ateb, er mwyn iddynt gael gallu politicaidd. Y wladwriaeth a dylai dalu am y newidiadau er mwyn sefydlu cymdeithas gyfiawn a heddychol. Yn hyn o beth roedd yn wahanol i Karl Marx. Unwyd dilynwyr Marx a Lassalle ym 1875. Erbyn 1876, cawsant 31,576 o bleidleisiau ym Merlin yn unig, a 7,000 drwy'r wlad i gyd. Yn ystod yr un cyfnod, gwanhau oedd Protestaniaeth.

Cafwyd crynhoad o'r datblygiadau yn un o adroddiadau Cymdeithas y Beibl:

> Materialism is the only religion of the present and the future; there is no God; no life beyond; no immortality; eternal and immortal are matter and its forces, nothing else exists. No God ever made man in His own image; man is but the last link in the chain of organic development of animal origin, the highest type of vertebrate – nothing more.

Y meddwl hwn oedd yn ymosod ar dri gelyn, tra-awdurdod llywodraethwyr; yr Eglwys, a'i syniadau hen ffasiwn, a'r Feibl Gymdeithas, a oedd yn dosbarthu llyfr yr Eglwys.

Y nod oedd dileu crefydd, rhyddhau rheswm, a chreu cymdeithas a fyddai heb Dduw na brenin.

A beth oedd ymateb George Palmer Davies? Nid gŵr oedd ef i ddigalonni. Ymwrolodd, ac aeth ati i sgrifennu yn erbyn y syniadau cyfeilornus. Caffaeliad pendant oedd cael cymorth M. Paul, Cymdeithas y Beibl, a F. Godet, yr ysgolhaig a'r esboniwr i wneud hynny. Ffurfiwyd cyfarfodydd gweddi, ac ysbrydolwyd y dosbarthwyr trwy eu sicrhau o lwyddiant Gair

Duw. Gwnaethpwyd ymdrech arbennig i ddosbarthu mwy o Ysgythyrau, a Miss Guet, Neuchâtel, yn nodedig am ei gwaith i roi a gwerthu Beiblau, a pherswadio gweinidogion i astudio'r Beibl yn fwy manwl. Nid oedd y tywyllwch i orchfygu'r goleuni. Nid y ffactorau economaidd a chymdeithasol oedd i reoli'r meddwl, ond egwyddorion ysbrydol; nid pregeth Marx, ond gwaith Crist. Ni ddylid disgwyl am gymdeithas ddi-ddosbarth, yn hytrach dylid disgwyl am ddyfodiad teyrnas y Arglwydd Iesu Grist. Roedd Thomas Charles a David Bogue, er wedi marw yn llefaru eto.

# PREGETHU'R GAIR

Trueni nad oes mwy o wybodaeth ar gael am bregethu'r cenhadon a'r cyfieithwyr. Cyfeirir yn gyson atynt fel rhai roedd pregethu yn ganolog i'w gwaith, ond prin yw'r wybodaeth fanwl, ar wahân i Tsieina a Chasia. Digwyddai pregethu mewn gwahanol syfyllfaoedd. Mewn cyfnod o bryder roedd pregethu yn gysur i'r credinwyr ym Madagascar, a'r testunau yn arwyddocaol. Un o'r brodorion yn cymryd fel testyn, Math. 8:25, 'Arglwydd, cadw ni, darfu amdanom', a dau o'r cenhadon yn pregethu, y naill ar Math. 16:26, a'r llall ar Hosea 14:9. Cyfle da i bregethu oedd yn ystod taith i ddosbarthu Beiblau, fel y gwnaeth J. T. Evans yn Awstralia, a Griffith John yn Tsieina. Daliwyd ar bob cyfle i gyhoeddi'r newyddion da mewn adeilad, neu yn yr awyr agored. Roedd hyn yn wir yn gyffredinol. Ar ôl cyrraedd lle newydd y peth cyntaf i'w wneud oedd cael lle i gyhoeddi'r Gair.

A'r hyn a wnaeth y cyhoeddi yn bosibl oedd cyfieithu'r Ysgrythurau. Roedd cael cyfieithiad da yn bwysig, ond pwysicach na hynny oedd egluro ei neges. Dyma gyfarwyddyd Samuel Greathead i John Davies, Tahiti:

> Neglect no means to bring them acquainted with the Word of God, especially in the first instance with the History of Christ and his holy precepts. These have such stamp of divine dignity, that we may hope, if translated into the language of Heathens, they would be felt by them to be of heavenly Origin. It is on the Word of God that we may peculiarly hope for the blessing of His Holy Spirit.

Pwrpas cenhadol oedd i'r cyfieithu. Pan drafodwyd cyfieithiad Llewelyn Thomas i iaith y Basgiaid, gwrthododd Cymdeithas y Beibl ei gyhoeddi am nad oedd o werth cenhadol. Yn nhraddodiad Luther unwyd tri pheth yn hapus iawn, y Gair ysgrifenedig; y Gair ymgnawdoledig, a'r Gair llafar. A'r un i arddel y cyfan oedd yr Ysbryd Glân.

Pwyslais Samuel Greathead oedd pwyslais Griffith John hefyd. Ymhlith y pregethwyr i gyd ef oedd y mwyaf ohonynt. Mae ei gefndir yn arwyddocaol iawn, ac yn dangos yr hyn a ffurfiodd cwrs ei fywyd. Derbyniwyd ef yn aelod yn Ebenezer, Abertawe, pan oedd yn ddeuddeg mlwydd oed; pregethodd am y tro cyntaf ddwy flynedd yn ddiweddarach, a phederfynodd yn derfynol i baratoi i fod yn weinidog y Gair yn 17 mlwydd oed. Gelwid ef y 'Bachgen bregethwr'. Tra yng Ngholeg yr Annibynwyr yn Aberhonddu, teimlodd Griffith John awydd i fynd i wlad dramor, awydd a gadarnhawyd gan ymweliad David Griffiths, Madagascar. Roedd llygad Griffith John ar y wlad honno hefyd, ond i Tsieina yr aeth yn y diwedd.

Pan symudodd Griffith John o Shanghai i Hankow (Hubei), dyma a ddywedwyd amdano, 'He preached the very first day he landed at Hankow, and continued to preach day after day-out of door and in preaching halls'. Mynnodd barhau er ei fod yn gwybod yn iawn am amharodrwydd y Tsieineaid i dderbyn yr efengyl. Gofidiai yn aml oherwydd eu caledwch, ar yr un pryd credai yng ngallu Duw i newid pobl. Roedd y neges yn ddieithr iddynt, a gwyddent o'i derbyn beth fyddai'r canlyniad, eu troi o'u cartref mwy na thebyg. Gwyddai hefyd fod pregethu yn rhywbeth newydd yn y wlad. Nid oeddent yn gyfarwydd â chael eu cyfarch yn y dull hwn. Roedd cenhadon Eglwys Rufain yno, ond nid oedd pregethu yn cael lle yn eu gweinidogaeth. Pregethu, yn ôl Griffith John, oedd rhoi bara i eneidiau colledig.

Diogelwyd disgrifiad ohono yn mynd i'w pulpud i bregethu:

There is a hush, as a short man, with healthy, bright face beard, and black hair, comes on the platform. He wears an Inverness cloak, which he throws back as he bends his head in prayer. The silence of communion is broken a few moments after he stands forth with a look on his face which he reveals that he has been on the Mount with God.

Medrai gyfareddu cynulleidfa.

Cadwai Griffith John y Beibl yn y naill law, a nodiadau o'i neges yn y llall. Weithiau, pwyntiau â'i fys i gadarnhau pwynt arbennig, ac anghofio am ei lyfr a'i nodiadau, 'Sometimes he forgets his book and notes, and in the fire of his earnestness he speaks with vehemence, pacing to and fro on the platform, yet always carefully repeating and illustrating and applying his lessons in every possible way'. Yr hyn a darawai ymwelwyr oedd ei daerineb, ei huodledd, a'i gydymdeimlad â'r gynulleidfa. Gwyddent nad difyrrwch oedd pregethu iddo, ond cyfrwng Duw i gyrraedd eu calonnau.

Weithiau, pregethai Griffith John i nifer fach o bobl, a phryd arall i gynulleidfa o 700. Hyd yn oed pan oedd cynulleidfa fawr hoeliai'r gwrandawyr eu meddyliau ar y neges. Crewyd awydd dwfn ynddynt i ddeall y Beibl er mwyn cadarnhau yr hyn a ddywedai'r pregethwr. Arferent glymu llyfr emynau a Beibl mewn cadach i'w cario i'r oedfa. Meithrinwyd yr arfer hwn mewn sawl gwlad. Holwyd y plant mewn rhai ysgolion yng Ngogledd America, 'On these occasions the children appear in the congregation with their Testaments'. Un adroddiad yn sôn am awch y bobl am ddeall y Beibl, a'r prawf o hynny oedd, 'in public worship when a passage is named, many a page is instantly turned over to ascertain if these things be or not'. A chalondid i Roger Edwards yn Kuruman oedd gweld '50 of a congregation open their books to follow the missionary, during his reading of a chapter in time of service'. Er bod y gynulleidfa yn gwrando'n astud, hawliai'r plant sylw. Medrent fod yn swnllyd. Yn

Tsieina, arferiad y mamau oedd rhoi pinsiad iawn iddynt, neu osod llaw ar geg y plentyn i dagu'r sŵn.

Galwyd Griffith John i bregethu'r efengyl i bawb, pa lefel bynnag mewn Cymdeithas y perthynent. Gwnaeth hynny ar hyd ei fywyd, ond rhoddodd sylw arbennig i'r tlodion. Roedd ei fryd ar grraedd dosbarthiadu isaf cymdeithas, yn wahanol i Timothy Richard, a apeliai at y dosbarthiadau uchaf, y deallus a'r ysgolheigaidd. Ond yr un oedd y neges i bawb. Nid oedd amheuaeth gan Griffith John beth oedd ei chraidd, 'the great and glorious doctrine of the cross'; y neges oedd yn ffolineb i'r Groegwr, yn dramgwydd i'r Iddew, ac yn ffolineb a thramgwydd i'r Tseineaid. Testun ei bregeth pan oedd yn 17 mlwydd oed oedd Rhuf. 1:18, sy'n cyhoedd mai gallu Duw yw'r efengyl er iachawdwriaeth, i'r Iddew yn gyntaf, ac i'r Groegwr hefyd. Yn Tsieina, apeliai Griffith John at 1 Corinthiaid 1 i brofi mor ganolog oedd y groes i'r ffydd Gristngol. Marwolaeth y Crist dibechod dros fyd pechadurus oedd yr unig sail i gymod â Duw.

Dyma neges oedd yn groes i ddaliadau crefyddau Tsieina. Roedd dilynwyr Conffusius yn addoli eu hynafiaid, ac yn aberthu plant i'r rhai a fu farw. Gyda'r pwyslais ar weithredoedd, ni fedrent dderbyn cyfiawnhad trwy ffydd. Disgwyl am Nirvana oedd canlynwyr Bwdha, pan fyddai'r unigolyn yn colli ei ymwybyddiaeth bersonol yn unoliaeth popeth. Parhau i bregethu gras Duw a wnaeth Griffith John, gan sylweddoli mai Duw yn unig a fedrai newid pobl Tsieina, oherwydd eu balchder a'u caledwch, 'I have never met a heathen who seemed to be troubled with a sense of sin, or appeared to have the least desire to be delivered from its dominion'.

Teithiwr diflino oedd Griffith John. Ni arbedodd ei hunan wrth bregethu yn Shanghai a Hankow, ond roedd yn barod hefyd i fentro i leoedd anghysbell, a llawer un ohonynt yn wrthwynebus. Yn fuan ar ôl cyrraedd Shanghai mentrodd i gychwyn mewn cylch bychan, er enghraifft mynd i ychydig o strydoedd, 'Went in the afternoon with my teacher [athro iaith], to the city to preach. We had a first-rate congregation'. Rhoddodd hyn hyder iddo i fentro i gylch ehangach. Treuliodd gyfnod yn teithio wrth ei hunan, 'I have now ventured for the first time to go alone, with the intention of spending the chief part of winter in itinerating, in penetrating the country in every direction from Shanghai, for the purpose of proclaiming the one true and living God and Jesus Christ whom he sent'.

Cafodd gwmni y Beibl-weithiwr hefyd. Yn ninas Sungkiang pregethai Griffith John, ac yntau a'r Beibl-weithiwr yn dosbarthu'r Testament Newydd a gwahanol lyfrynnau. Mabwysiadwyd yr un cynllun yn Soochow, un o'r dinasoedd prydferthaf a mwyaf cyfoethog yn Tsieina. Dosbarthwyd cannoedd o gopïau o'r Testament Newydd. Ond ar daith arall, mynd o ddrws i ddrws a wnaeth Giffith John, a siarad yn bersonol â phobl. Cafodd dderbyniad eitha croesawgar. Ymwelodd â phob siop men un lle. Roedd hwn yn gyfle da iddo, oherwyddd bod y siopau bob amser yn llawn. Mewn ychydig flynyddoedd roedd Grifffith John yn bregethwr teithiol profiadol, a'r pregethu hyn oedd un o brif nodweddion ei weinidogaeth yn Tsieina. Roedd o'r un anian â Hudson Taylor, y China Inland Mission, ac Alexander Wylie, LMS.

Beth bynnag oedd y anawsterau, bwrw ymlaen a wnai Griffith John. Roedd anhawster yn rhoi her iddo, a bron y ddieithriad llwyddo a wnaeth. Nid oedd dim byd tebyg i deithio a phregethu'r efengyl. Defnyddiodd wahanol ddulliau i wneud hynny; cerdded y strydoedd; ymweld â themlau; cael eu gario gan frodorion, a chael bâd ar yr afon.

Mynegodd ef ei hun y mwynhad a brofai yn y gwaith hwn:

Its reflex influence on both the missionary and the mission is most healthy and stimulating. It tends to enlarge the ideas, deepen the longings, intensify the ardour, and brace up the nerves of both pastor and people. One often feels at the end of a hundred to two hundred miles' tour, having spent a fortnight or three weeks in preaching from to town to town and village to village, that he could dare anything and endure anything.

I Griffith John, taith bregethu oedd cant neu ddau o filltiroedd, heb sôn am y daith gydag Alexander Wylie.

Weithiau, mentrodd Griffith John deithio ar ei ben ei hun, ond fel arfer roedd ganddo gwmni. Sylweddolodd o'r cychwyn cyntaf y rheidrwydd o gael cymorth y brodorion. Roedd hyn yn hanfodol i ddysgu'r iaith ac i bregethu. Cafodd y brodorion gyfle i bregethu, ac wedi cael peth profiad, neilltuai Grifith John hwy i ofalu am ganolfan, 'After the morning service they go each man to a village chosen by himself, and there conduct services'. Enwir sawl un o'r brodorion gweithgar hyn. Un ohonynt oedd Wei, a brofodd dröedigaeth o dan weinidogaeth Griffith John. Cafodd brofiad o bregethu yn Hankow, a neilltuwyd ef i fod yn efengylydd. Ei ddull ef oedd trafaelu'n gyson, heb aros mwy na dwy neu dair noson yn un lle. Ymwelai â phobl yn bersonol i drafod yr efengyl. Cafodd Shen, athro iaith Griffith John, baratoad manwl hefyd:

> Every day from about half past eight in the morning he would be in Griffith John's study, spending all the morning reading, translating, and writing. At one o'clock he dined. At half past two he would be in the chapel taking part in preaching, translating and debating, and continuing in this until five o'clock. Notices posted in different parts of the city made it known that Shen would be in the vestry behind the chapel from six o'clock until nine o'clock to converse on Christian subjects.

Neilltuoedd Griffith John weithwyr i ganolfannau arbenng. Ymwelai â hwynt er mwyn arolygu'r gwaith a chalonogi'r gweithwyr. Yng nghwmni Sian, ymwelwyd â Tung yn ardal Kingshan. Croesaw-wyd hwy gan nifer fawr o Gristnogion o wahanol bentrefi. Paratôdd Tung yn fanwl. Gosododd bosteri y tu allan i'w gartref, a gwneud yn siŵr fod popeth yn yr ystafelloedd yn eu lle. Dechreuodd y bobl ddod am 11 o'r gloch y bore, a pharhau i ddod am gryn amser wedi hynny. Yn ôl Griffith John ei hun roedd y Sul a dreuliodd yno yn un o'r rhai rhyfeddaf yn ei hanes:

> Whilst we were preaching Tung himself attended to the audience leading them to their seats and serving them with tea. In the midst of the service a number of scholars made their appearance, and they were lead to their seats in front of the platform, where they sat for about an hour, listening with attention to the Gospel as preached by us. At the close of the service I was introduced to them and was told that they were some literary friends, whom he had invited to come, and meet me, and hear the gospel from my lips.

Dyma enghraifft arall o allu Griffith John i bregethu i wahanol fathau o bobl. Roedd yn barod hefyd i dderbyn arfer y brodorion o gael te yn ystod yr oedfa. Ni ellir dychmygu hyn yn digwydd mewn oedfa yng Nghymru yn yr un cyfnod.

Dymuniad cyson y cenhadon oedd cael gwell paratoad i'r pregethwyr a'r efengylwyr. Roedd David Jones a David Grifiths yn ymwybodol o'r angen ym Madagascar. Sefydlwyd ysgolion yno, yn cynnwys 'Divinity School'. Hyfforddwyd y myfyrwyr yn y pethau sylfaenol, ysgrifennu; astudiaeth or Ysgrythur, a pharatoi pregethau, hynny yw, yr hyn oedd eisiau i gyflwyno'r efengyl yn syml i'w cyd-frodorion. Derbyniodd David Jones fraslun o bregeth gan un a addysgwyd ganddo. Ei destun oedd, Salm 84:4. Dyma grynodeb o'r braslun:

> 1. Wherein does the church resemble a house?
> A house has a foundation, and the church, 1 Cor. 3:11
> House and church require much labour and pain
> House and church built by many persons, Eph. 4:11

2. Those who dwell in the house or church of God

They are chosen by God from the foundation of the world, Eph. 1:4

They glorify God in their bodies and spirits at all seasons like Job in adversity

3. Their employment in church of God

They fight against many enemies, Satan and sin

They pray to God and bless his name

They are diligent in extending Christ's kingdom Rev. 11:15

4. Their blessedness

They have Christ as head, protector, leader, and he dwells among them, Math. 18:20

They have the Holy Ghost to teach, comfort, and sanctify them John 14:16

They have nothing to fear. Father, Son and Holy Ghost shield them

They remain constantly in the house to praise God's name; and will arrive in heaven

Improvements

1. Let each examine himself

2. What real joys and pleasure are found in God's house

3. How glorious God will appear after he shall have completed the house, Psalm 102:16.

Dyma'r hyn oedd eisiau ar gredinwyr ifanc a drodd o grefydd arall i gofleidio Cristnogaeth. Mae'n bregeth glir, ysgrythurol, a Chalfinaidd, gyda'r pwyslais ar etholedigaeth, a pharhad y saint mewn gras. Ni anghofiodd yr 'Improvements', yn ôl y dull Piwritannaidd, a ddylanwadodd ar yr academïau cynnar yng Nghymru hefyd.

Yng Nghasia, rhannwyd y pregethwyr yn bedwar dosbarth:

1. Yr Ysgol Newydd. Rhai sydd wedi dyfod yn Ddiwynyddion da, ond nis gŵyr neb pa sut

2. Ein pregethwyr mawr

3. Rhai sydd yn gallu darllen, ond heb fod mewn ysgol, na choleg oddigerth ysgol nos a'r ysgol Sabbothol

4. Rhai sydd heb fedru darllen

Roedd pregethwyr y pedwar dosbarth yn cael mynd i'r pulpud. Ychwanegodd Robert Evans un dosbarth arall, sef 5, y rhai na allent fynd i'r pulpud. Ymhelaethodd ar y dosbarthiadau:

Dosbarth 1. Yr Ysgol Newydd, neu fechgyn y dosbarthiadau Diwiynyddol, ac efrydwyr y Sefydliad Diwinyddol. Dywed Robert Evans i bregethwyr y dosbarth hwn esgeuluso cymaharu Cristnogarth â chrefyddau eraill, ac efallai bod awgrym yn ei farn eu bod yn arddangos eu haddysg.

Dosbarth 2. Llwyddodd pregethwyr y dosbarth hwn i ddisgyblu eu doniau a'u gallu meddyliol. Un o nodweddion eu pregethu oedd y gallu i gymharu Cristnogaeth â chrefyddau eraill, a phwysleisio ragoriaeth y blaenaf ar yr olaf. Ganddynt hwy roedd y ddawn ddisgrifiadol orau. Cyflwynent eu neges yn wresog.

Dosbarth 3. Ni dderbyniwyd y rhain gan yr Henaduriaeth, ond pregethent yn gyson; arwydd o ystwythder ar ran yr awdurdodau. Dibynnent ar eu dawn i siarad yn uniongyrchol â'r bobl. Fel arfer y Beibl yn unig oedd sail eu pregethu, ond roedd ambell un â chynorthwyon eraill. Credu'r Beibl oedd yr ystyriaeth sylfaenol iddynt.

Dosbrth 4. Nid oedd y pregethwyr hyn wedi eu derbyn gan yr Henaduriaeth chwaith. Yr enw gorau i'w disgrifio fyddai 'cynghorwyr', term cyfarwydd i Fethodistiaid Cymru. Oherwydd eu bod heb addysg, roedd rheidrwydd i gael cymorth i ddewis testun. Medrai rhywun ddarllen iddynt; gallent ddewis adnod o gwrdd y plant, neu adnod a adroddwyd yn y seiat.

Dosbarth 5. Dyma bregethwyr diddorol iawn. Ni fedrent fynd i'r pulpud, ond roedd iddynt eu maes arbennig, sef y marchnadoedd, a chymaint ag 8,000 yn eu mynychu. Disgrifiodd Robert Evans y gweithgarwch:

> Ar y Sabbathau hyn felly, ar ôl yr Ysgol Sabbothol a gynhelir yn Khasia a Jaintia am 10 o'r gloch yn y boreu, cauir drysau y capel i fyny, aeth yr holl gynulleidfa am y gweddill o'r dydd i'r farchnadfa i gynnal eu cyfarfodydd. Yn y cyfarfodydd hyn byddwn yn siarad yn fyr ac yn canu llawer. Bydd rhaid i bob siardwr gadw at 'y ddeddf pum munud', gan y bydd y rhai mwyaf anwybodus yn blino ar y siarad yn fuan iawn. Gan y byddwn yn gwneud anerchiadau mor fyrion, bydd yn angenrheidiol i liaws mawr siarad.

Yr ystyriaeth sylfaenol oedd yr awydd i bregethu, a datblygwyd hwnnw yn ôl gallu'r pregethwr. Y Beibl oedd sylfaen y pregethu bob amser.

Fel y nodwyd uchod, roedd pregethu yn ganolog i'r cenhadon eu hunain. Yn Nahiti, cynhaliwyd pump o gyfarfodydd mewn wythnos, a phregethu oedd y rhan bwysicaf mewn tri ohonynt. Rhydd R. Watcyn James ddisgrifiad o bregethu John Davies. Rhannodd bregethu'r cenhadwr i dri dosbarth, sef, pregethau esboniadol; astudiaethau o gymeriad, a phregethau efengylaidd, hynny yw, pwysleisio hanfodion ffordd iachawdwriaeth. Hoffai ddewis testunau oedd yn pwysleisio dwy agwedd wahanol, ac yna eu cyfuno. Er enghraifft ar fore Sul, pregethodd ar Salm 25:8, 'Da ac uniawn yw yr Arglwydd; oherwydd hynny efe a ddysg bechaduriaid', gan ddangos methiant pawb fel pechaduriaid, a hawliau Duw arnynt. Yn yr hwyr, pregethodd ar Salm 103:8, 'Trugarog a graslawn yw yr Arglwydd; hwyrfrydig i lid a mawr o drugarogrwydd'. Cyflwynai ei neges yn fyr ac effeithiol, a hynny, fel Griffith John yn Tsieina, yn rhugl yn iaith y brodorion.

Gwnaethpwyd ymdrechion i hyffoddi'r pregethwyr, ond yn gyffredinol, annigonol oedd y paratoad. Gofid calon i Griffith John oedd y diffyg darpariaeth ar gyfer y pregethwyr a'r efengylwyr. Arferai ef ei hun eu hyfforddi, ond roedd mwy na digon ganddo ef i'w wneud ar wahân i hynny. Gyda chymorth eraill o genhadon yr LMS trefnodd gynhadledd ar eu cyfer ym 1891. Cafwyd darlithiau ar Ddiwinyddiaeth Fugeiliol; Daearyddiaeth; Hanes Cenhadaeth Ynysoedd Môr y De; Physioleg, a Griffith John yn esbonio penodau o'r Llythyr at yr Hebreaid, 'Besides the lectures there were sessions on experiments in chemistry and a consideration of social issues for Chinese – idol worship, theatre going, opium-smoking, and the binding of feet'.

Ei freuddwyd oedd cael coleg diwinyddol, ac o'r diwedd ym 1899 sylweddolwyd ei ddymuniad. Cynnwys y cwricwlwm oedd y Testamnet Newydd; Diwinyddiaeth Fugeiliol; Esboniadaeth o'r Hen Destament; Hanes yr Eglwys, a Diwinyddiaeth Gyfundrefnol. Yn ychwanegol at hyn roedd Rhifyddeg; Daearyddiaeth, ac astudiaethau brodorol.

Helaethwyd y coleg ym 1903, a chysegrwyd ef y flwyddyn ddilynol. Roedd yn adeilad mawredddog:

> The College is a handsome two-story, red brick building, with veranda on four sides, and occupies and area of 84ft by 65ft. It contains lecture hall, capable of seating 200, library, class rooms and dormitories, affording accommodation for sixty students. At the other end of the same compound is a High School, with upwards of a hundred students.

Profodd y coleg anawsterau enbyd, a bu raid ailgychwyn y gwaith, ond y mae yno heddiw i gofio am benderfyniad di-ildio Griffith John i ddarparu addysg ddiwinyddol i frodorion Tsieina.

Nid yn ofer y bu llafur y cyfieithwyr a'r cenhadon. Ar sawl achlysur, ac mewn llawer modd, fe deimlwyd dylanwad y Gair. Dyma oedd eu bara ysbrydol, medrai'r Gair gael dylanwad arbennig arnynt. Dyna oedd profiad Griffith John. Mewn cyfnod o galedu ysbrydol, profodd waith grymus yr Ysbryd Glân ar ei ysbryd. Cynheswyd ei gariad at Grist a'r efengyl, a gwnaeth hyn wahaniaeth i'w bregethu. Arferai bregethu am awr a mwy, ond yn awr, newidiodd ei ddull. Wrth fynd i'r pulpud, disgwyliai am ymateb yn fuan, heb fod yn hirwyntog. Disgwyliai yn fwy eiddgar am ddylanwadau yr Ysbryd Glân, ac annog y bobl weddïo'n ddwys. Cafodd amryw dröedigaeth o dan rym y Gair. Un ohonynt oedd Liu, ysmygwr opiwm, yn feddwyn, a'r math o berson na fyddai'n aml yn cofleidio Cristnogaeth. Treuliodd flynyddoedd yn y fyddin, ac ymhyfrydau yn ei nerth corfforol. Clywodd Griffith John yn pregethu ar thema 'which had become clothed with a new and powerful significance to my own mind, namely Christ's power to save from sin'. Cyffesodd ei ffydd yn Iesu Grist, a derbyniwyd Liu i'r eglwys. Trefnwyd iddo weithio fel cogydd yn yr ysbyty, lle y cafodd gyfle hefyd i gynorthwyo'r ysmygwyr opiwm.

Tystiolaethai Liu yn ei bentre, ac o dan ei weinidogaeth ef ac eraill torrodd diwygiad allan yn y pentref. Dyna oedd profiad credinwyr Madagascar hefyd ym 1905. Gweddïo; astudio'r Gair a phregethu o dan ddylanwad yr Ysvbryd Glân a adfywiodd y gwaith yno. Bu astudio Efengyl Ioan yn gyfrwng bendith mew un lle. Gwnaeth pregeth ar Marc 10; 46-52 greu awyrgylch tebyg i oedfa ddiwygiad yng Nghymru:

> May 6 [1905], at the close of a meeting a few of the most earnest came back to pray and confess their sin. In confessing they broke down one after another, suddenly there was a scene of wild confusion, some sobbing, some praying, or singing scraps of penitential hymns. The head teacher (conspicuous from the first for his holy zeal), was on his face on the floor, weeping and praying.

Fel yng Ngymru roedd y menywod yn amlwg yn Niwygiad Madagascar, a neb yn fwy felly nag Elizabeth Rowlands. Aeth ar daith i gyfarfod agor capel newydd. Wedi cael cwpaned o de aeth i'r oedfa: 'O dan weinidogaeth y Gair roedd amryw mewn ing enaid, rhai yn syrthio i lawr wedi eu llwyr orchfygu: eraill yn ymdrechu mewn gweddi ger bron Duw dros berthnasau a chyfeillion ydynt yn aros yn nhywyllwch paganiaeth'. Yr oedd yn ddarlun o'r Diwygiad Cymreig.

# DYSGU AR SAIL Y GAIR

## Mentro Dysgu

Digon araf a fu cynnydd y gwaith addysgol yn y gwahanol wledydd, a lle bu llwyddiant fel ym Madagascar, newidiodd y sefyllfa boliticaidd a rhwystro cynnydd pellach. Mewn gwlad Babyddol fel Llydaw roedd sefydlu ysgolion Protestannaidd yn waith anodd dros ben. Roedd gohebwyr Cymdeithas y Beibl yn ymwybodol iawn o'r gwahaniaeth rhwng y gwledydd Pabyddol a'r gwledydd Protestannaidd. Pan anfonodd Herzog Reber, Beibl-weithiwr, ei adroddiad at George Palmer Davies yn yr Almaen, neilltuodd adran i drafod y gwahaniaeth hwn. Cyfeiriodd Reber at un o ddyffrynoedd uchaf y Rhein, cartref 10,000 o Enghadiaid annibynnol, a neilltuai oddi wrth bawb am bron wyth mis y flwyddyn oherwydd yr eira. Llwyddasant i gadw eu hiaith, a datblygu eu bywyd eu hunain, 'adopting the Reformation, and with it the Bible as a book of the people, they have succeeded under their influence to make education general. They have schools as well as churches. They have even to a certain extent a literature of their own'. Mor wahanol, yn ôl Reber, oedd cyflwr yr Eidal lle'r oedd 64 o bob 100 heb addysg, ac mewn mannau hyd yn oed 82 i 85 y cant yn anllythrennog.

Mewn sawl gwlad roedd gwrthwynebiad i arferion tramor ac awydd i ddiogelu'r arferion brodorol. Yn yr India roedd yr Hindŵiaid yn arbennig yn gwawdio'r syniad o roi addysg i ferch, ac yng Nghasia roedd yn anodd cael y plant o dan awdurdod yr athro. Rhwystr pendant i gael plant i'r ysgol yn Nahiti oedd yr elfen grwydrol a'u nodweddau. Nid oedd sicrwydd lle y byddent yn ystod y dydd. Diflannau'r rhieni a'r plant am gyfnodau; ar ôl dychwelyd nid oedd awydd i setlo, a gadael i'r plant fynd i'r ysgol. Ni fyddent yn barod i symud cam i gael addysg Ar wahân i grwydro, eu diddordebau oedd pysgota a chasglu ffrwythau. Yno, y fam, brodyr y fam ar ôl ei marw, neu berthynas agos, oedd â'r awdurdod dros y plant. Disgwylid i un heb briodi ofalu am ei rieni, ei nain a pherthynas i'w fam. Nid oedd y rhai hŷn yn awyddus i'r plant gael addysg, a chredai pob oedran y dylent gael gwobr am fynd i'r ysgol. Mae sôn am John Davies yn disgwyl yn eiddgar am gyflenwad o binnai a bachau-pysgota er mwyn denu rhai i'r ysgol.

Gellid dweud celwydd er mwyn cadw'r plant o'r ysgol, fel ym Madagascar, lle yn cyfeiriwyd at blentyn fel 'ugly and a fool', ac un arall yn dweud mai caethwas oedd ganddo, nid ei blentyn ei hun. Nid oedd eisiau addysg ar blant felly. Eraill yn yr un wlad yn cuddio'r plant yn y cae reis, fel na fedrai neb ddod o hyd iddynt. Gŵr a chryn ddylanwad yn y wlad oedd y gŵr hysbys ('diviner'), a cheir cyfeiriad gan David Griffiths at ferch fach a ddychrynwyd am ei bywyd pan fygythiwyd hi â marwolaeth os elai i'r ysgol.

Os oedd yn anodd denu'r plant ac eraill i'r ysgolion, roedd yn bosibl i'r athrawon fynd at y plant, er nad oedd hynny'n dderbyniol bob amser. Mynd at y bobl a wnaeth John Davies yn Nahiti, a John Jenkins yn Llydaw. Sylweddolodd John Davies fod hyn yn ffordd dda, nid yn unig i gwrdd â'r plant ond i adnabod y rhieni hefyd. Yn niwedd 1851, dechreuodd John Jenkins roi gwersi darllen o dŷ i dŷ 'yn nghanol Brythoniaid Pabaidd Llydaw'. Cafodd gymorth tair athrawes am gyfnod, a dwy am gyfnod arall, i ddysgu eraill ddarllen y Testament Newydd. Mari Shân oedd un ohonynt yn bedwar ugain mlwydd oed, ac yn derbyn hanner coron [25c] yr wythnos am ei gwaith. Dirwywyd dwy ohonynt am gadw ysgol yn anghyfreithlon, ac anogodd yr offeiriad y bobl i beidio â gwerthu nwyddau i'r athrawon. Un oedd yn brysur fel efengylydd ac athro oedd Le-Coat. Ar wahân i gynnal cyfarfodydd yn ei ardal, dysgai tua 80 o wahanol oedran. Yng nghanol y gwrthwynebiad ac arafwch y gwaith, calondid annisgwyl oedd trwyddedu Le Coat yn swyddogol i fod yn 'ddysgawdwr crefyddol'. Dyma 'beth newydd yn hanes Ffrainc a'n cenhadaeth', medd A. Ll. Jenkins. Cam pwysig oedd datblygu gwaith y Beibl-wragedd. Cawsant gyfle gwych i ymweld â'r cartrefi a dysgu'r gwragedd. Gwnaeth amryw o genhadon Tsieina arolygu'r gwaith hwn, a gwnaeth Mrs W. H. Rees gysylltu â'r Parch W. H. Murray i drafod y dull gorau i hyfforddi'r bobl. Creodd Murray system arbennig ar gyfer y deillion a chan fod Mrs Rees yn awyddus i gael cymorth, anfonodd Murray un o'i athrawon i'w chyfarwyddo, a gwnaeth y genhades gymhwyso'r dull i'w dibenion arbennig hi. Gwnaeth deg gwraig, a merched yr ysgol, ddysgu darllen y *Catecism*, Marc a Ioan, mewn chwech wythnos. Trefnwyd i'r rhai a ddysgodd gyntaf fod yn gyfrifol am ddysgu eraill. Yn yr India, manteisiodd Cenhadaeth Dramor y Methodistiaid Calfinaidd ar y cymorth oddi wrth Gymdeithas y Beibl. Enghraifft dda o'r gweithgarwch yw'r hyn a gyflawnwyd yn ystod 1887-88 a 1897-98:

1887-88

| Bible Women Employed | Av. Number read to weekly | Number taught to read | Copies sold | Voted 87-88 |
|---|---|---|---|---|
| 20 | 139 | 158 | 24 | £72 |

Gwelir cynnydd yn rhif gweithwyr, nifer y rhai a ddysgodd ddarllen yr Ysgrythur yn dal ei dir, ond cynnydd amlwg yn rhif y rhai y darllenwyd yr Ysgrythur iddynt a'r copïau a werthwyd. Dyma ffordd effeithiol i wreiddio'r bobl yn yr Ysgrythur.

Yn un o'r adroddiadau o Fryniau Casia nodwyd bod tair gwraig yn cael eu cyflogi am £2 y mis allan o grant Cymdeithas y Beibl. Roedd un ohonynt yn weddw, a hithau a ffrind iddi, yn gyfrifol am 40 i 50 o bobl, ac amryw eraill yn dyheu am gael dechrau dysgu darllen. Yn yr un adroddiad atgofiodd y cenhadwr y pwyllgor yng Nghymru o bwysigrwydd y ferch mewn un rhan o'r India. Roedd geni merch yn achos mwy o lawenydd na geni bachgen, a'r ferch ieuengaf a fyddai'n etifeddu, nid un o'r meibion. Cyfeiriodd D. P. Jones at un o'r Beibl-wragedd a ddywedodd wrtho am agwedd ei mam, Hindŵ selog, pan ddaeth ei merch yn Gristion. Gwell pe byddai ei hymennydd wedi ei fathru pan oedd yn faban, na thyfu a derbyn y ffydd Gristnogol. Daeth y fam i gredu hefyd, a gwahoddodd ei chymdogion i ddod i'w chartref i wrando'r efengyl. Derbyniwyd adroddiad o Assam am waith un o'r gwragedd a'i gŵr, oedd yn athro ysgol, yn dylanwadu ar gwmni o bobl a hwnnw mewn ychydig amser yn sefydlu eglwys. Mewn pentref arall arfer y gwragedd oedd dysgu'r gwragedd, ond yn rhoi caniatâd i'r dynion wrando. Dyma'r ffordd y dysgodd amryw ohonynt ddarllen. Bu hyn yn gyfrwng i sawl un gredu'r efengyl.

Mae'n amlwg bod y cenhadon yn gwerthfawrogi'r gwaith hwn. Yn ystod un o'i deithiau lletyodd y Parch. William Williams gydag un o'r gwragedd:

> Y mae 'Bible Woman', mam yng nghyfraith U Hajarsang, wedi sefydlu yn y fan hon, ac yn ei thy hi y buom yn aros. Y mae ganddi tuag ugain o bob rhyw, yn hen ac iaeuainc, o dan addysg. Y mae yno un ddynes perthynol i deulu brenhinol Jakrem wedi dysgu darllen y Beibl yn dda.

Treuliodd Mrs John Roberts gyfnod o fisoedd yng nghwmni un o'r Beibl-wragedd:

> Yn ystod y misoedd diweddaf yr wyf wedi bod yn myned lawer gwaith gydag un o'r 'Bible-women' i'r pentref, a boddheid fi yn fawr wrth weled eu dull o ddysgu yn syml ac i'r pwynt. Cymerem bedwar neu bump o dai bob dydd, gan aros tuag awr ymhob ty. Bydded yn cael cyfle i siarad gyda nifer yn amrywio o naw i ddeunaw. Eu gwaith oedd darllen yr Ysgrythur, dysgu darllen a thrafod pynciau perthnasol.

Prif bynciau'r Efengyl a drafodwyd gan y cenhadon a'u gwragedd. Roeddent yn ymwybodol iawn o'u cyfrifoldevb i wneud hynny. Pleser mawr iddynt oedd gweld y bobl yn dysgu darllen y Beibl, a mwy o bleser oedd gweld y bobl yn credu'r efengyl. Gwelodd Mrs Roberts, er enghraifft, yr angen am bwysleisio natur pechod, ac egluro pwrpas Crist yn marw ar y groes. Nid cartrefi'r brodorion yn unig oedd yn ganolfannau, ond cartrefi'r cenhadon hefyd. Gwnaeth Thomas Jones, Tahiti, D. E. Jones, Mizoram a William Pryse yn y India ddefnydd helaeth o'u cartrefi. Defnyddio feranda ei dŷ a wnaeth D. E. Jones, a byddai rhai plant yn lletya gydag ef hefyd. Os yn bosibl o gwbl adeiladwyd ysgolion, neu wneud lle cymwys o adeilad oedd yn bod eisoes. Bu gweithgarwch mawr yn Madagascar, Casia ac America Brydeinig, a hyd yn oed yn Llydaw, lle nad oedd codi ysgolion yn hawdd iawn. Gwnaeth A. Ll. Jenkins yn siŵr bod ystafell briodol yn un o'r capeli y tu allan i Morlaix. Cyfeirir weithiau at nodweddion yr adeilad a'r ffordd o'i drefnu fel ysgol. Yn un o ynysoedd Môr y De cododd y cenhadon ysgol ar eu traul eu hunain, lle digon plaen, 'planks and plaster', ond cafwyd lle gwell gyda chefnogaeth y brenin. Yn Nghanada Uchaf, ar afon Credit, lle'r oedd John a Peter Jones yn weithgar, codwyd adeilad helaeth gyda meinciau'n codi'n raddol i'r cefn. Rhannwyd y bechgyn a'r merched a darparwyd yn helaeth ar eu cyfer, gyda phob math o lyfrau, mapiau, darluniau a dywediadau moesol, pwrpasol, ar y muriau. I'r Methodistiaid (Wesleaidd ac Esgobol), yr oedd y diolch am hyn oherwydd eu gwaith cyson a thrylwyr ar hyd y blynyddoedd. Dengys y nodweddion hyn ddylanwad amlwg patrwm ysgolion Prydain.

Mwy cyntefig oedd ysgol David Jones ym mhrifddinas Madagascar, sef ystafell ugain troedfedd bob ffordd, a fwriadwyd i gadw llestri cegin mam y brenin. Llawr pridd oedd iddo, ac eisteddai'r plant ar ychydig fatiau oedd ar gael. Ygrifennwyd ar ddarnau o bren a orchuddiwyd â saim a lludw, a defnyddiwyd darn o bren fel pensel. Oherwydd llwyddiant y gwaith, gwnaeth y brenin, fel yn Nahiti, gefnogi codi adeilad gwell. Gyda chefnogaeth y brenin hefyd ffurfiwyd Cymdeithas Ysgol Genhadol Madagascar. Eu bwriad oedd helaethu a chadarnhau'r dystiolaeth Gristnogol; gwisgo'r noeth, a chael llyfrgell. Gofynnwyd am dâl aelodaeth, a bu apelio taer ar i'r Cymry gefnogi'r fentr. Bu peth ymateb i 'grochlef' Thomas Phillips. Neuadd-lwyd yn *Y Dysgedydd*, ond nid oedd y brwdfrydedd yr hyn a ddylai fod o gofio'r nifer a adawodd Cymru i weithio ar yr Ynys.

Ei bwriad oedd helaethu'r dystioleth i'r grefydd Gristnogol. Ym Madagascar, yr ysgol oedd prif gyfrwng lledu'r gwaith Cristnogol yn ystod y degawd cyntaf. Roedd capel yn y brifddinas ond araf a fu ymateb y brodorion i'r efengyl. Oherwydd prinder dychweledigion i'r eglwys nid oedd digon o weithwyr ar gyfer yr ysgolion. Ysgwyddwyd y baich gan y cenhadon, a bu raid iddynt gael cymorth brodorion nad oedd yn Gristnogion. Trefnodd yr eglwysi i ddanfon athrawon o'r ysgolion i gylchoedd newydd. Digwyddodd hynny yn ystod 1825. Synnodd y cenhadon at allu'r brodorion i ddysgu, a'u cyfathrebu effeithiol. Dysgai dau o'r cenhadon am wythnos, tra tra byddai dau yn teithio, a'r wythnos wedi hynny newidiwyd y drefn. A gwnaethpwyd defnydd o'r brodorion yng Nghasia hefyd. Cyfeiriodd un adroddiad at gylch arbennig lle'r oedd deg ysgol ddyddiol, ond dim ond pedair ysgol Sul a phedwar capel. Er hynny medrai'r athrawon brodorol ddysgu'r plant i ddarllen defnyddiau Cristnogol. Golygau cynnydd yn yr ysgolion bod mwy o weithwyr ar gael i'w danfon i'r pentrefi. Bu bendith ar y pregethu a sefydlwyd eglwysi ac ysgolion niferus. Yn un o'i adroddiadau cyfeiriodd Henry Nott at saith o frodorion a ddewiswyd gan yr eglwysi yn Nahiti ac Eimeo i fynd i ynysoedd eraill er mwyn dysgu'r bobl i ddarllen, 'and to communicate to them what they know of God, and the way of salvation in Jesus Christ'. Sicrhaodd y trefniant hwn addysg i nifer o bobl, er mai elfennol oedd y safon, yn arbennig felly yn ystod y cyfnod cynnar mewn maes newydd.

Yn gyffredinol canolbwyntio ar y plant a wnaeth yr ysgolion. Dyma'r prif bwyslais ym Madagascar. Rhannwyd y disgyblion yn 'children of a very tender age', 'juveniles' a 'seniors'. Ffurfiai'r bechgyn un uned, a'r merched uned arall ar wahân. Roedd llawer mwy o fechgyn yn mynychu'r ysgol nag o ferched. Mewn 30 o ysgolion rhif y bechgyn oedd 1,525, a rhif y merched 453. Y bechgyn oedd yr arweinwyr yn y gymdeithas, yn athrawon, swyddogion y brenin, a milwyr. Y brenin a'i fyddin oedd yn sicrhau undod yn y wlad, a da o beth oedd cael dynion a fu yn yr ysgol y tu cefn iddo. Ar ôl arholiad hapus, galwodd y brenin benaethiad llwythau'r dalaith at ei gilydd, a defnyddio'i awdurdod y hybu gwaith y cenhadon. Beth bynnag oedd bwriad y cenhadon roedd yr ysgolion yn cadarnhau grym y llwyodraeth. Ac felly, roedd yr ysgolion o bwys i'r brenin er mwyn cael swyddogion i'w lys, milwyr i'w fyddin, a chefnogaeth i'w ideoleg imperialaidd. Plant, er yn ddigon prin, a gafodd y sylw yn Llydaw, ond gwnaethpwyd ymdrech i gyrraedd y dynion ifanc. Roedd Le Coat yn dysgu plant a dynion hyd 28 mlwydd oed. Merched aelodau Llydawaidd yr eglwys oedd y mwyafrif yn ysgol Tŷ- mad.

Dyma'r hanes yng Nghasia hefyd, lle'r agorwyd ysgolion i blant yn gyffredinol, ac i ddosbarthiadau arbennig, y cast isaf, plant amddifaid a phlant Ewropeaidd ac Ewrasaidd. Cafodd y merched sylw arbennig gan Mrs William Lewis; Mrs John Roberts, a Thomas Jones, Casia, yn fawr ei ofal dros blant tlawd a'r ieuenctyd.

Yn Nahiti y rhoddwyd y pwyslais arbennig ar addysg i bawb. Ym mlynyddoedd cynnar y gwaith, dysgu bechgyn a dynion ifanc a wnaeth y cenhadon, ond newidiwyd y polisi a rhoi cyfle i blant ac oedolion, bechgyn a merched, er bod amodau arbennig wrth eu derbyn i'r ysgol. Erbyn Ebrill 1814 derbyniwyd 80 yn cynnwys penaethiad ac eraill oedd i ddylanwadu ar y gymdeithas yn gyffredinol. Cynyddodd y rhif i 200 erbyn diwedd y flwyddyn. Adlewyrchir y pwyslais yn yr ystadegau:

| Eimeo | 258 | 'mostly adults' |
| Paofai | 390 | 'of whom 222 were adults' |
| Huahine | 400 | 'most of them adults' |

Gwelir bod y mwyafrif llethol yn yr ysgolion yn oedolion.

Pan aeth Tyerman a Bennett i Ynysoedd Môr y De yn ystod 1824, synnwyd hwy gan awydd y rhai hŷn i ddysgu darllen. Mewn adroddiad at Gymdeithas y Beibl cyfeiriodd y ddau at dair hen wraig heb fedru gweld yn iawn yn mynychu'r ysgol bob dydd i ddysgu'r ABC. Eu dymuniad pennaf oedd cael copi o'r Ysgrythur rhyngddynt, a hyd yn oed pe na lwyddent i ddysgu darllen, gallai rhywun arall ddarllen iddynt. Rhaid eu bod yn ffyddiog iawn oherwydd dywedasant wrth y ddau ymwelydd, 'You know how long and diligent we have been in attending School'. Un fendith a ddeilliodd o'r pwyslais hwn oedd gwell pethynas rhwng y plant â'r rhai hŷn yn gyffredinol, a'r rhieni yn benodol. Ac, wrth gwrs, medrai'r oedolion a gafodd addysg ddylanwadu er gwell ar y plant. Ni ddigwyddodd hyn am gryn gyfnod yn Madagascar, lle'r oedd y pwyslais ar y plant. Byddent hwy'n mynd adref at rieni a oedd heb gael addysg a chrëwyd tyndra mawr rhyngddynt. Wrth edrych yn ôl dros y gwaith ym 1840, barn J. J. Freeman a David Johns oedd, y byddai'n well pe byddent wedi rhoi llawer mwy o sylw i'r oedolion, 'even at the cost of neglecting the children in the schools'.

Cyrhaeddodd John Davies Huahine, 2 Gorffennaf 1818, a digwyddodd cynnydd sylweddol yn rhif y rhai a addysgwyd:

| Diwedd Gorffennaf 1818 | 400 |
| Awst 1818 | c.600 |
| Huahine a Moeva 1820 | 800 |

Dydd y pethau bychain oedd hi yn Madagascar o 1818 hyd 1824, ond bu cynnydd sylweddol yno hefyd:

|  | Ysgol | Plant |
|---|---|---|
| Rhagfyr 1820 | 1 | 316 |
| 1824 | 14 | 1,200 |
| 1825 | dros 80 | dros 4,000 |
| 1826 | dros 100 | 5,014 |

Ym 1824, unwyd y tair ysgol oedd yn y brifddinas, ac yn ystod y cyfnod o 1824 hyd 1827 ychwanegwyd 30 yn y wlad. Rhan amlaf sylwadau calonnogol a roddwyd am yr ysgolion, tebyg i hwn, 'A flourishing school from the beginning – scholars highly commended by the King', ond ceir ambell nodyn fel hwn hefyd, 'This school dwindled soon after its formation, and has not since revived'.

Gyda'r cynnydd yn rhif y rhai a addysgwyd yn yr ysgolion roedd yn anodd cwrdd â'r gofyn am feiblau. Bu galw cyson o'r gwledydd am gopïau. Pan gyrhaeddodd 3,000 o'r Ysgrythurau i Dahiti, tasg amhosibl oedd cwrdd ag angen 23,000, rhif y rhai a addysgwyd ar yr Ynys.  Er mwyn bod mor effeithiol ag oedd yn bosibl ystyriwyd dulliau dysgu. Fel un o gynorthwywyr Thomas Charles, naturiol i John Davies barhau traddodiad ei feistr. Naturiol hefyd oedd parhau traddodiad yr ysgol Sul, fel y gwnaeth John Davies, Thomas Jones, Casia, ac eraill. Croesawyd syniadau Bell a Lancaster, ac un o nodweddion y drefn honno oedd defnyddio monitor, dull a ddefnyddiwyd gan Thomas Phillips yn y Neuadd-lwyd, lle y cafodd amryw o'r cenhadon eu haddysg gynnar.  Bu chwech o blant Madgascar yn yr ysgol yn Llundain a byddent hwy wedi eu dysgu yn y dull hwn, sef dull Lancaster.

Dyma'r patrwm yn ysgolion Madagascar a Thahiti. Bron yn ddieithriad trefnai'r cenhadon wobrwyon i'r plant er mwyn eu hysgogi gyda'r dysgu. Gwnaethpwyd hyn yn Madagascar, a Casia, a Thahiti. Fel yn ysgolion Sul Thomas Charles, a'r ysgolion dyddiol, byddent yn gwobrwyo'r plant yn ysgolion y gwledydd a nodwyd. Nid y cenhadon yn unig a welai werth hyn, ond yr arweinwyr brodorol a rhieni'r plant hefyd. Ym Madagascar, cefnogair brenin y dull hwn. Dywed David Griffiths am ei ymweliad â'r cwrdd ysgolion, 'y brenin a'u cefnogodd trwy wobrwyo y rhai a ragorodd, a rhoddwyd addewid o dderchafiad i swyddau anrhydeddus yn y deyrnas i bawb a gymeradwyai'r cenhadon'. Creodd hyn fwy o awydd yn y rhieni i ddanfon eu plant i'r ysgol. Roedd eithriadau er hynny, a William Pryse yn eu plith. Dadleuai yntau yn erbyn gwobrwyo, a chosb gorfforol. Gellid ystwytho hefyd y dull o ddefnyddio'r monitor, a datblygwyd yn ddiweddarach y dull o un yn dysgu un. Dyma'r dull effeithiol a fabwysiadwyd yn Lwshai, 'yn ôl yr egwyddor hon y tyfodd addysg yng Ngogledd a De Lwshai'. Mae mwy i ddweud am y dulliau addysgol ond daw hyn i'r amlwg wrth drafod cynnwys a phwrpas yr addysg. Hawlia hyn sylw pellach.

# DYSGU'R GAIR: YN YR YSGOLION DYDDIOL

Nod y cenhadon oedd gwneud y Beibl yn ganolog yn addysgol, athrawiaethol, a phrofiadol. Dyma'r llyfr i genhadu. Gellir cymhwyso geiriau W. M. Jenkins am ysgolion Casia i'r gweddill o ygolion, 'They were chiefly evangelistic agencies'. Yn achlysurol mynegwyd amheuon ynglŷn â'r patrwm hwn, gan awgrymu y dylid gwario'r arian ar ddulliau efengylu mwy uniongyrchol, ond ym marn W. M. Jenkins roedd y gwaith cenhadol a gyflawnwyd gan yr ysgolion yn ei gyfiawnhau. O ddyddiau John Davies, Tahiti, a David Jones, Madagascar, i lawr i ddyddiau W. M. Jenkins, cyfeiriwyd at yr ysgolion fel rhai, 'lle mae Gair Duw yn cynnwys y rhan fwyaf o'r gwersi'. Rhoddwyd sylw i'r Hen Destament, gyda phwyslais ar benodau 1 i 3, ac Ecsodus 20, ond y Testament Newydd oedd y prif lyfr.

## Natur yr ysgolion

Cymhwyswyd rhannau or Testament yn ôl gofyn y dsobarth fel ym Madagascar. Defnyddiwyd dull yr ysgol Sul o holi ac ateb. 'Pwy yw'r siaradwr'? 'Beth yw'r neges'? 'Beth a waherddir'? Digwyddai'r holi yn uniongyrchol o'r Ysgrythur, neu mewn ffrâm athrawiaethol fel catecism. Roedd y wers Ysgrythur yn fanwl iawn. Mynegir y trylwyredd gan William Pryse wrth ddisgrifio ysgol yng Nghasia:

> The Scripture lesson must have taken a considerable time – for the 1 Class
> was examined in Scripture History, a small vol. on the Bible – The Shorter

Catechism, and a companion to the Bible or a Bible Handbook – and the 2nd Class in the four gospels, Acts, Genesis, Exodus, Proverbs – Prep for the Day & a Theological Catechism – most of the subjects in Bengali.

Ar wahân i'r wers ei hun, cynhelid dosbarth yn ystod y dydd i holi'r plant ymhellach. Er mwyn cyflawni'r gwaith roedd anghenraid cael cyflenwad o Ysgrythurau, ond yn aml iawn nid oedd hyn yn bosibl. Derbyniodd William Pryse '5 dwsin o'r Testament Newydd, 12 Hen Destament (Bengali), 4 dwsin Testament Newydd, 3 dwsin Hen Destament, mewn blwyddyn', ond nid oedd hyn yn ddigon o bell ffordd. Pan oedd copïau ar gael dysgid y Deg Gorchymyn, a Gweddi'r Arglwydd, ac fel arfer ychwanegwyd dyfyniadau pwrpasol eraill o'r Ysgrythur. Yn ei adroddiad, dywedodd William Pryse, 'The amount of Bible-reading during the last six months has been very extensive in our schools'. Gwnaethpwyd ymdrech arbennig ym Madras i gael cyflenwad o Ysgrythyrau, a dau Gymro, a gŵr i Gymraes yn amlwg yn y fentr:

| | Tamil | Telugu | Cost and Expense |
|---|---|---|---|
| Ashton Dibb, Donhavoor | 20 | | £15 |
| W. E. Morris, Salem | 310 | 26 | £628-2-0 |
| M. Phillips, Tripatore | 47 | | £37-6-0 |

Hyd yn oed pan oedd gwrthwynebiad i'r ysgolion, fel ym Madagascar, heriwyd yr awdurdodau, 'nyni a lanwasom yr ysgolion â rhannau o'r Ysgrythur'. Yn ôl patrwm yr ysgol Sul yng Nghymru, cynhelid cyfarfodydd ar y cyd i'r ysgolion dyddiol. Daeth 50 o ysgolion at ei gilydd ym mhrifddinas Madagascar ym 1825. Rhan bwysig o'r holi i'r dosbarth cyntaf oedd darllen o'r Ysgrythur, darllen darnau a gyfieithwd eisoes i'r iaith frodorol, a gwers ar Exodus, pennod 20, y ddeddf foesol. Atebodd y bechgyn yn gywir iawn, gwestiynau ar *Gatecism Dr Watts*. Pwysleisiwyd i'r merched gael eu trwytho yn y *Catecism* trwy gyfrwng y Saesneg a'r iaith frodorol. Y prif bynciau ym Madagascar, ac amryw o wledydd eraill, oedd y Creu; y Ddeddf Foesol; Iesu Grist, y Gwaredwr; a sefyllfa ddyfodol, sef nefoedd ac uffern. Yn ystod taith i aroli'r ysgolion, dywedir bedair gwaith i David Jones, Madagascar, bwysleisio pwysigrwydd pennod gyntaf llyfr Genesis. Cyrhaeddodd yr ysgol ddiwethaf trwy gael ei gario gan y brodorion, oherwydd bod y ffordd mor wael. Ar ôl cyrraedd, gofynnodd y cenhadwr i'r plant ddysgu yr hyn a wnaeth Duw ar bob un o'r dyddiau. Ni ddysgwyd y plant yn fecanyddol, ac ni fodlonwyd ar roi ffeithiau yn unig. Daw hyn i'r amlwg yn y dull holi ac ateb:

What do the words, 'In the beginning' teach us?

1. They show that the world was made

2. They do not specify any fixed number of years or when the World was created

State briefly what you believe to be the correct explanation of the word, 'Let there be light'? and whether it implies the creation of the sun

They mean that God rarified the thick clouds, mist &c so as to allow the rays of the sun to penetrate through but not the bodies of the sun, moon & stars to appear

Can you refer to some passage of Scripture that suggests the way in which God separated the water from the dry land & point out some thing familiar to you in your own country that may account for it?

Yes, in Psalms civ from 6 to 9 verses we find that the following words [cynnwys yr adnodau], Earthquakes are those which are familiar to us in these hills.

Ar wahân i'r holi a'r ateb, a nodwyd eisoes, gwelir ymgais i gysylltu'r pwnc â'r hyn oedd yn gyfarwydd i'r brodorion. Diddorol hefyd yw'r cyfeiriad at y goleuni a'r haul, sy'n dangos eu parodrwydd i wynebu agweddau esboniadol. Yn adnod 14, apwyntiwyd yr haul i fod yn oleuni i'r ddaear. Hynny yw, pwysleisir ei swyddogaeth ar y pedwerydd dydd.

Dyma a nodir gan yr esboniwr Jamieson yn ddiweddarach yn bedwaredd ganrif ar bymtheg, ond cydnabyddodd hefyd y posibilrwydd o oleuni ar wahân i'r haul, a dyna bwyslais ambell esbonwyr ceidwadol erbyn hyn. Mewn ffordd syml iawn, dysgwyd y plant i feddwl yn athrawiaethol ac i sylweddoli bod yr Ysgrythur yn cyffwrdd â meysydd amrywiol iawn.

## Catecismau a llyfrau eraill

Gellir manylu ychydig ar y catecismau. Nid oes amheuaeth mai gweithiau Isaac Watts a enwir amlaf. Defnyddiai David Jones, Madagascar, y *Catecism*, a ffurfiodd un arall y null yr un awdur. Gwnaeth David Griffiths, Madagascar, ddefnydd o waith Isaac Watts, *Catechism on Scripture Names*, a chyfieithodd Robert Parry, Casia, un o'i weithiau Watts gyda'r teitl, *Hanesiaeth Ysgrythurol y Testament Newydd*. Defnyddiwyd y cyfieithiad Ffrangeg o'r *Catecism* yn Mauritius. Roedd David Griffiths yn hoffi *Catecism* Dr Brown, cyfieithodd ef, a'i addasu ar gyfer y plant. Ychwanegodd gwestiynau ac atebion ar y Creu, y Ddeddf Foesol, y Gwaredwr, a'r Sefyllfa Ddyfodol. Oherwydd eu dylanwad ar Gymru, gellid dsgwyl cyfeiriadau at *Gatecismau Westminster*, ond efallai bod cyhoeddiadau Westminster yn rhy anodd i'r plant, ond fe gyfeiriodd William Pryse at y *Catecism Byrraf*. Gwnaeth Thomas Jones, Casia, osgoi *Catecism* Watts hyd yn oed, am fod brawddegau hir yng nghyfieithiad Mr Lish, a bod diffyg amrywiaeth yn y cynnwys. Dewis Thomas Jones oedd *Rhodd Mam*. Defnyddiwyd hwn a'r llenyddiaeth enwadol yn helaeth yng Nghasia, a hefyd *Cyffes Ffydd MC*, a'r *Hyfforddwr*. Mynegiant o ymrwymiad y cenhadon i'w pobl yw gwaith William Pryse yn cyfiethu'r *Hyfforddwr* i iaith Bengali. Nid oedd copi Saesneg ar gael, felly cyfieithodd o'r iaith Casi i'r Saesneg, ac o'r iaith honno i Bengali. Digon prin oedd y llyfrau a fedrai fod yn gwmni i'r Ysgrythur a'r catecismau, ond roedd *Taith yPererin* yn un o'r rhai hynny. Yng Nghasia, Mrs William Lewis a'u chynorthwywyr a roddodd y llyfr i'r bobl gyntaf, ac yn ddiweddarach John Roberts. Cymwynaswr Madagascar oedd David Johns, a daeth ei gyfieithiad yn rhywbeth gwerthfawr i bobl y wlad hon, 'prized it next to the Bible'. Darllenwyd ef hefyd ym Mauritius. Gwaith defnyddiol oedd y *Scripture History*, a ddefnyddiwyd yn Nahiti, a luniwyd 'In the style of the Tahitian story-tellers'. Ni cheir cyfeiriadau cynnar at hanes Mari Jones a'i thaith i'r Bala, ond erbyn ail hanner y ganrif daw i'r amlwg mewn sawl gwlad, er enghraifft, cyfieithodd Hugh Roberts, Casia, y stori i iaith y brodorion.

Meithrinwyd y bobl yn yr Ysgrythur, a rhoddwyd pwys aruthrol ar ddysgu'r Ysgrythur a'r catecismau ar y cof. Ym Matavai, Tahiti, lle'r oedd ysgol i blant ac oedolion, dysgodd 120 y *Catecism* Tahitaidd. Ym Madagacar, yn y dref a'r wlad, dywedwyd am y plant, 'have learn't almost the whole of a large catechism by Dr. Brown'. Tra yn yr ysgol gwnaeth U Larsing, un o'r pregethwyr brodorol, gopïo'r *Hyfforddwr* [Thomas Charles], yn ei ysgrifen ei hun, 'and committed [it] to memory in a wonderful short time', a dywedwyd am un ysgol yn Shampoong, 'Mae tair geneth wedi dysgu yr holl o Efengyll Luc – un yn ddeg oed, y llall yn ddeuddeg, a'r llall yn ddeunaw'. Dyma ddull effeithiol i ddysgu yn gyffredinol, ond yn arbennig gyda'r rhai na fedrai ddarllen. Ceir yr ymresymu sydd y tu ôl i ddefnyddio catechism yn *Hyfforddwr*, Thomas Charles, sy'n cyfeirio hefyd at waith Griffith Jones Llanddowror, a chydnabod ei ddyled i'r gŵr mawr hwnnw. Cyfeiriodd Thomas Charles at ei waith fel, 'Egwyddorion Crefydd', y rhai sy'n gwbl angenrheidiol er iachawdwriaeth dynion, 'a ddichon gadw'n fyw ein heneidiau'. Ceir anogaethau yn y Gair i gatecesio plant, a cheir esiampl duwolion ym mhob oes. Gwnaeth yr awdur ymdrech, medd ef ei hun, osgoi pethau disylwedd, a cheisio bod yn fyr a chynhwysfawr. Trwy ddefnyddio'r dull hwn roedd yn bosibl anelu at bob oedran, a dechrau gyda'r plant na fedrai ddarllen. Mewn ambell ardal, gwasanaethai'r canu y pwrpas hwn. Mae sôn am gorau mewn pentrefi yn canu enwau llyfrau'r Beibl, a chorau eraill yn canu teithiau'r Apostol Paul o Antiochia i Rufain. Cyfle arall i brofi ffrwyth y dysgu oedd gŵyl flynyddol yr ysgolion, a oedd hefyd yn achlysur cymdeithasol. Trefnwyd cyfarfod felly yn Llydaw. Cynhaliwyd yr Ŵyl ym 1869 yn Hengoed, Tremel, a hynny ar y Sul. Dechreuwyd y dydd am 10.30 y bore trwy ddarllen, canu emyn, gweddi, pregeth, gweddi a chanu mawl. Cafwyd lluniaeth a gwnaethpwyd y casgliad. Am 2.30 y prynhawn yr ysgolion oedd yn cymryd rhan. Canodd plant ysgol Tŷ-mad yn fyr, eglur a chynhwysfawr. Adroddodd dwy ferch bennod pymtheg o Efengyl Ioan mewn Ffrangeg, a phan wnaeth merch ifanc adrodd Marc 10: 46-52, rhoddwyd 'sylwadau eglurhaol' gan John Jenkins. Canwyd emyn yn Ffrangeg; adroddodd bechgyn ysgol Le Coat ddarnau o'r Ysgrythur; holwyd hwy, a rhoddwyd sylwadau pellach. Yna, adroddodd tri bachgen Ioan 15; tri arall Luc 15, a Marc 10: 46-52, a phedwar yn adrodd adnodau o lyfryn, 'Darniou eusan Aviel' [Darnau o'r Efengyl]. Erbyn hyn roedd yn bryd cael seibiant. Ar ôl ail-ddechrau canwyd yn Llydaweg, adroddodd pedwar o fechgyn, Math. 19:12-14; canodd y plant emyn, a daeth y cyfarfod i ben trwy ganu emyn a gweddi. Cyn gadael rhannwyd teisen a ffrwythau i'r plant. Yn ôl yr adroddiad, cafwyd cyfarfod efengylaidd.

## Ehangu cylch yr addysg

Er i ambell un ddadlau dros gyfyngu addysg i'r sgiliau sylfaenol, yn arbenng darllen ac ysgrifennu, ac mai'r Ysgrythur oedd y prif lyfr hyfforddi, gwnaethpwyd ymdrech i ehangu cylch yr addysg. Yn wir, roedd hyn yn anochel oherwydd bod y datguddiad Cristnogol yn cyffwrdd â chymaint o wahanol feysydd. Un wedd a hawliodd sylw oedd y 'tystiolaethau' ['Evidences'], a oedd yn boblogaidd yn ystod y ddeunawfed ganrif, ond parhaodd eu dylanwad i lawr i'r ganrif ddilynol. Y ddau awdur amlycaf oedd Joseph Butler a William Paley. Trwy'r cenhadon cyrhaeddodd eu dylanwad i wledydd eraill. Byddai'n ddiddorol gwybod sut y cafodd

Ausgustus Jones, y tad, afael ar gopi o *Evidences*, Paley, a gyflwynodd i'w fab Peter Jones. Mae'n bosibl mai trwy'r cenhadon Wesleyaidd y digwyddodd hyn. Astudiwyd y ddau awdur ym Madagascar, Sylhet a Chasia, gan genhadon a fu yng ngholegau Cymru a Gosport, lle y rhoddwyd sylw iddynt.

Pwyslais Joseph Butler a William Paley oedd ar drefn yn y byd naturiol, a'i bod yn rhesymol i gredu'r datguddiad Cristnogol. Fel y dywedodd Vidler am Paley, 'Lucid and skilful author of a commonsensical theology, famous for his watch-maker statement of the argument from design'. Roedd o leiaf ddau berygl i'r dull hwn, sef gosod gormod a bwys ar fod yn rhesymegol, nes ei fod yn cymylu arbenigrwydd y datguddiad yng Nghrist, a hefyd anwybyddu datblygiadau'r dydd oedd yn hawlio dulliau apologaidd gwahanol. Dylai'r cenhadon a fu yn y Bala fod yn ymwybodol o gyfyngiadau Butler a Paley, oherwydd gwnaeth Lewis Edwards hynny'n glir. Cydnabyddodd gyfraniad gwerthfawr y ddau, ond dywed, wrth gyfeirio at Paley, 'Yn wir nid oedd Paley yn efengylaidd ei syniadau, a phan y gwna gyffwrdd â'r *tumewnol* yn y Beibl y mae yn druenus o wael'. Dyna farn y cenhadwr Alexander Duff, a dywedodd wrth William Pryse mai gwastraff amser oedd astudio'i waith, ond credai'r Cymro fod astudio'r *Evidences* yn ddisgyblaeth i'r meddwl. Mae eco arall o'r academïau yn y disgrifiad o'r addysg ym Madagascar:

> We teach in the Missionary College the reading and writing of English and native languages, with grammatical lexicons &c. in each; arithmetic, trigonometry, short-hand, and the use of the globes. To these are added excercises in translating English into Malagesh, and Malagesh into English.

Ychwaneger at hyn awydd David Jones i ddysgu Groeg a Lladin i'r myfyrwyr gorau, a cheir darlun llawnach o'r addysg a gyflwynwyd yn yr ysgolion. Yn wahanol i'r academïau yng Nghymru, rhoddwyd pwys ar yr iaith frodorol. Dysgwyd plant y brenin trwy gyfrwng y Saesneg, ond ar wahân i hynny, defyddiwyd y ddwy iaith, a rhoi sylw arbennig i'r Falagaseg yn y wlad. Er i John Davies ddechrau dysgu trwy gyfrwng y Saesneg yn Nahiti, yn fuan iawn sylweddolodd y dylid defnyddio iaith y bobl eu hunain, a dechreuodd baratoi *Scripture History* yn iaith y bobl.

Cafodd Hanes a Daearyddiaeth le amlwg mewn nifer o'r ysgolion. Fel yr oedd Lennie a Murray yn cael eu hatudio gyda'r darllen a'r gramadeg, defnyddiwyd Goldsmith mewn Daearyddiaeth. Dyma restr o lyfrau yn ysgolion Madagascar:

> 2 dozen of Murray's large Grammar with Excercises, Keys to Walkingame's tutor's Assistant, 3 copies of Keiths Arithmetician with Keys, ½ Dozen copies of Goldsmith's Geography with small Keys, 2 copies of Keith's Do with Keys, 4 good Atlases, 3 Dozen of Smith's Latin Grammar, 3 of Do of Latin Dictionaries, 3 Do Codreil, 3 do of Rhaedrus Fables, 3 Do of Selectus Profanus.

Dysgwyd hanes y wlad lle'r oedd yr ysgol; hanes yr Iddewon, Lloegr, a'r Alban, ond nid oes sôn am Gymru. Gwerthfawr oedd y pwyslais ar hanes y bobl mewn gwahanol wledydd, yn arbennig y wlad frodorol.

Fel ym Madagascar, rhoddwyd pwyslais ar hanes yn Sylhet, a llawer o bynciau eraill. Amlygir hyn ar ddydd yr arholi. Arholwyd dosbarth o 58 o fechgyn: 'Y testynau y buwyd yn eu hastudio, ac yr holwyd y bechgyn arnynt oeddynt, Hanesiaeth Efengylaidd, Hanesiaeth Ysgythurol, Hanesiaeth gyffredinol, Hanes Bengal, Hanes India, Daearyddiaeth, Rhifyddiaeth, a Mesureg, Ofyddiaeth, Catecism Cymanfa Westminster, ac amryw gatecismau bychain eraill'. Astudiodd y dosbarth ieuengaf o leiaf saith o lyfrau'r Beibl.

Y prif bynciau yn Nongsawlia oedd, 'Scripture History, Evidences;

Geography and Natural History', ac yn Sylhet ychwanegwyd sol-ffa. Bwriad Peter Jones, ei wraig Elizabeth a'i frawd John, oedd cael ysgol i fechgyn a merched i'w haddysgu yn y pynciau arferol, a hefyd dysgu crefft iddynt. Bu peth gwrthwynebiad i'w bwriadau ond ar ôl peth amser cawsant ganiatâd y Gynhadledd Wesleyaidd yng Nghanada, a'r Llywodraethwr, General Metcalfe. Daeth breuddwyd Peter Jones yn reality, y freuddwyd a ddisgrfiodd ef ei hun:

> Our contemplated plans are to establish two Schools, one for one hundred boys, the other for one hundred girls. The boys to be taught in connection with a common English education, the art of Farming, and useful trades. The girls to be instructed in Reading and Writing, Domestic Economy, Sewing, Knitting, Spinning; so as to qualify them to become good wives and mothers. It is also our intention to select from each School the most promising boys and girls, with a view of giving them superior advantages, so as qualify them for Missionaries and School teachers among their brethren.

Gwnaeth apêl Peter Jones argyhoeddi Metcalfe o'r angen, a chyfrannodd yn ariannol at y fentr, 'He went further. Judging the Credit River Indians to be sufficiently prepared, he entrusted their chiefs with the administration of their band's finances, the first time in Canadian history an Indian band had obtained financial control over its ow trust funds'.

Ymwelodd Peter Jones â Phrydain gyda bwriad deublyg, i gasglu at yr ysgolion, a dadlau achos yr Indiaid oedd mewn perygl o golli eu tir. Daeth yr ail waith a llwyddodd yn rhyfeddol o dda. Er enghraifft, yn Nghaeredin, casglodd £100, ac roedd yn ffyddiog hefyd bod rhagor i ddod. Roedd Thomas Jones yn awyddus i ddysgu ei grefft fel gof i'r bobl, ond ni chredai y dylau rhai sy'n grefftwyr yn unig fynd i'r maes cenhadol tramor; gwnaeth gais hefyd am lyfrau ar weithio haearn. Mewn adroddiad o Dde Affrica, dywedwyd am ysgol Edwin Lloyd, 'boys taught industrial work'.

Gwehydd oedd Thomas Rowlands, Madagascar, a gwnaeth ef ddysgu'r grefft i'r brodorion yn y wlad honno. Mewn ambell wlad, llwyddwyd i drefnu addysg uwchradd. Cyfeiriwyd eisoes at goleg diwinyddol Griffith John. Pwysleisiodd yn gyson mai ysgolion Protestannaidd y dylid sefydlu, ond newidiodd ef ei feddwl ynglŷn â chyfrwng y dysgu. Yr angen mawr oedd dysgu trwy gyfrwng y Saesneg:

> There was a time when I was strongly opposed to the introduction of this element into the schools. But the times have altered, and my views have undergone a complete change. There is in China at the present moment a great demand for English, and the demand will have to be met. The Chinese will have English, no matter what the missionaries say.

Ym marn y Cymro, dyma'r ffordd i gyflwyno syniadau o'r Gorllewin i Tsieina. Roedd hwn yn newid sylfaenol, ond gellid dadlau mai rhwyfo yn erbyn y llif oedd y dewis gorau oherwydd nid oedd pob dylanwad o'r Gorllewin yn adeiladol. Cryfder Griffith John oedd cyfannu addysg. Trefnodd addysg dosbarth elfennol, uwchradd, diwinyddol, a chysylltu honno â'r ysgol feddygol.

Llwyddwyd i sefydlu dosbarthiadau ac athrofa Ddiwinyddol yn Nghasia hefyd. Roedd William Pryse yn ymwybodol nad oedd athrawon y crefyddau eraill yn deall eu cefydd eu hunain, na Christnogaeth chwaith. Trefnodd i 60 ohonynt gyfarfod ar brynhawn dydd Mercher er mwyn ffurfio dosbarth diwinyddol. Gwnaeth dosbarthiadau diwinyddol eraill arwain i ffurfio Athrofa Ddiwinyddol. Dau flaenllaw gyda'r gwaith oedd John Roberts a Jerman Jones. Ym 1884 penderfynwyd i gael sefydliad felly, ac ym 1887 ryddhawyd John Roberts o'r Coleg Normalaidd i gychwyn y sefydliad diwinyddol. Astudiwyd meysydd helaeth yn y coleg. Y prif adrannau oedd y Testament Newydd a Diwinyddiaeth Fugeiliol; Esboniadaeth yr Hen Destament; Hanes yr Eglwys; Diwinyddiaeth Gyfundrefnol, ac yn ychwanegol at hyn, Rhifyddeg; Daearyddiaeth, ac Astudiaethau Brodorol. Gwreiddiwyd y cwrs diwinyddol yn yr Ysgrythur, a chysylltwyd hyn ag astudiaethau pwrpasol eraill. Trefnwyd i'r myfyrwyr dreulio tair awr yn y dosbarth, a phedair awr yn dysgu yn yr Ysgol Normalidd. Ar wahân i hyn disgwylid iddynt baratoi gwersi gwaith personol, a mynd o dŷ i dŷ i efengylu. Bu trefnwyr y cwrs yn eithaf mentrus, fel sy'n amlwg o'r cyfeiriad hwn at U Jura-Mon, 'John Elias Khasia', 'He mastered Colenso's Algebra, and four books of Euclid. He read with avidity and care the works of Paley, Butler's Analogy, Hodge's Systematic Theology, and also devoted some time to the study of Greek'. Ar gyfer arholiad 1889, trefnwyd y maes yn fanwl:

> Hodge's Outlines of Theology. Chap 36-40 both inclusive 1 Corinthians, chap xi to the end, Handbook of Moral Philosophy, Calderwood, 13 edition, the first 93 pages. Mental Philosophy A few questions Consciousness (natural and reflective\) would be enough. The book read on this subject is Porter's 'Elements of Intellectual Science'

> Church History: Text Book, Lindsay Reformation. Clark's Handbook for Bible Classes. The first 90 pages

> English the first two books of 'Paradise Lost'

> Written sermons.

Dyma'r dull Saesneg o adolygu llyfrau, yn hytrach na phrofi gwir allu, fel er enghraifft, yn yr Almaen. Mae'n bosibl dysgu Groeg o lyfr, a gwneud yn dda mewn arholiad, heb fod yn Roegwr da. Nodwyd y flwyddyn ganlynol y byddai'n werth cynnwys dwy bennod o *Cysondeb y Ffydd*, Lewis Edwards. Dyma awgrym fod y cenhadon yn ymwybodol o'r hyn oedd yn digwydd yng Nghymru yn ddiwinyddol, mwy felly na'r colegau yng Nghymru ei hun. Gofidiai John Cynddylan Jones, un o ddisgyblion Lewis Edwards, nad oedd gwaith ei athro, a David Charles Davies yn cael eu hastudio yng ngholegau'r wlad. Fe ddefnyddiwyd esboniad Thomas Charles Edwards ar *Hebreaid* yng Nghasia. Yr awduron a enwir amlaf yw y ddau Hodge; Esgob Moule; Blaikie; Maclaren, a Kirkpatrick. Yn fuan ar ôl cychwyn y coleg cyflwynwyd gweithiau gwahanol eu pwyslais, megis llyfrau George Adam Smith, a Marcus Dods. Y pwyslais diwinyddol ceidwadol oedd amlycaf, ond roedd y cenhadon, fel gweinidogion Cymru, yn dod yn araf i goleddu syniadau mwy rhyddfrydol, fel y nodwyd ym mhennod 4.

## Yr ysgolion a'r llywodraeth

Mater o bwys oedd perthynas yr ysgolion a'r llywodraeth. Beth yn union y dylai'r berthynas fod? Os oedd perthynas o gwbl, rhaid penderfynu beth oedd lle'r Beibl yn y dysgu. Dyma'r materion a drafodwyd yng Nghymru o tua 1840 ymlaen. Yn yr India, ceisiodd William Lewis daclo'r broblem. Cyflwynodd awgrymiadau i gynrychiolydd Prydain ar y Bryniau. Dadleodd dros dderbyn cymorth oddi wrth y llywodraeth:

1. At gynhaliaeth athrawon brodorol yn yr ysgolion

2. Ar gael cyflenwad o wers lyfrau Casieig a Saesoneig

3. At gyflenwad o lyfrau ysgrifennu, llechi da &c.

Awgrymodd baratoi y rhai mwyaf gobeithiol yn yr ysgol ar gyfer addysg uwch, a derbyn ambell ysgoloriaeth oddi wrth y llywodraeth. A'r un drefn a ddylai fod yn ysgolion y merched hefyd. Gofalus oedd agwedd William Pryse. Derbyniodd gymorth y llywodraeth, ond gwnaeth yn glir fod y cenhadon yn dal yr hawl ar 'fywyd tufewnol yr Ysgolion'; penodi natur yr addysg a'r llyfrau, ond roedd hawl gan oruchwyliwr y llywodraeth i arolygu'r ysgolion a'r cyfrifon, a hefyd, hyfforddi'r dosbarth uchaf. Yn yr India yn gyffredinol gwnaethpwyd mwy o ymdrech o 1854 ymlaen i gael ysgolion o dan ofal y llywodraeth.

Roedd tyndra ym meddwl William Pryse, ond roedd un arall o genhadon Sylhet yn bendant yn erbyn gosod yr ysgolion o dan ofal y llywodraeth: 'Nid oes caniatad i'r Beibl na llyfrau sylfaenedig ar y Beibl gael eu dysgu yn yr ysgol yno (gellir ei gael os bydd y bechgyn yn dewis, ond nid heb hynny) a diau y teimla pob Cenadwr a fu yn llafurio yno fod gwaith uniongyrchol y Genadaeth yn cael ei golli trwy rhoddi y rhan fwyaf o'i amser i addysg fydol'.

Yr un oedd argyhoeddiad Arthur Lewis, India, hefyd. Yn ei farn ef, gwell colli grant y llywodraeth os nad oedd yn bosibl i roi mwy o le i'r Ysgrythur. Ond dadleuai'r llywodraeth dros gael mwy o afael ar y pynciau seciwlar, a llai o le i'r Beibl yn yr ysgolion cenhadol. Yn ôl adroddiad H. Clarke ar un o ysgolion Cherra, rhoddwyd gormod o le i'r Beibl. Gwadodd Hugh Roberts gywirdeb y cyhuddiad, a nodi bod yr ysgol yn gweithredu yn unol ag amodau'r llywodraeth. Dysgwyd y Beibl ar gais y bechgyn, ond carai'n fawr pe byddai'n bosibl dysgu mwy o'r Beibl a'r 'Evidences'.

Dadlau'n gadarn dros dderbyn cymorth y llywodraeth a wnaeth John Roberts. Ymatebodd yn gryf pan awgrymodd cyfarwyddwr y Genhadaeth ddodi eglwys gryfaf Shillong o dan ofal Prifathro'r Ysgol Normal. Ni fedrai John Roberts ddeall y fath awgrym. Digon prin oedd dysgu'r Beibl yn yr ysgol fel yr oedd hi eisoes, ond gwaethygu a wnai'r sefyllfa trwy fabwysiadu'r cynllun newydd. Y perygl oedd hyfforddi bechgyn y Normal mewn cysylltiad â chyfarfodydd yr eglwys. Dyma drefn anfoddhaol; dylid cael gwersi yn yr ysgol ei hun, a threfnu arholi'r gwaith hefyd. Cyfeiriodd John Roberts at ei brofiad ei hun:

And my experience is this – that unless classes are held in the way indicated above no real progress will be made. I have tried to do the work of imparting religious knowledge to the Normal School boys in connection with the meetings of the church but with very indifferent results. You are to try and understand that young boys and young men in this country are different from those in Wales, and the work of imparting knowledge to them is ever so much harder.

Daliodd at ei argyhoeddiad. Wrth ystyried a thrafod newidiodd William Pryse ei feddwl ar rai agweddau o berthynas yr ysgolion â'r llywodraeth. Roedd yn edmygydd o waith Eglwys Rydd yr Alban yn yr India. Danfonodd ei ddelfryd am drefn addysgol i Alexander Duff, a chytunwyd ar y rhan fwyaf o'r awgrymiadau. Dyma grynodeb o'r hyn y cytunwyd arno: Cael ysgolion dechreuol i ddysgu darllen yr iaith frodorol. Ysgolion meithrin oedd y rhain cyn i'r plant fynd i ysgolion Saesneg. Cael ysgol trwy gyfrwng y Saesneg ym mhob canolfan lle'r oedd cenhadwr yn siarad Saesneg. Yn ôl Duff ni ddylid dysgu Geometry, Trigonometry na 'Evidences' Paley. Dylai'r ysgolion Saesneg baratoi plant ar gyfer addysg uwch, yn ogystal â dosbarth diwinyddol. Dylid cael ysgoloriaeth oddi wrth y llywodraeth, a derbyn dynion ifanc i astudio Llenyddiaeth, Gwyddoniaeth, a Diwinyddiaeth, 'heb un cyfeiriad at eu golygiadau crefyddol ar amser eu derbyniad'. Y Beibl oedd i'w ddefnyddio er mwyn profi dwyfoldeb y datguddiad Cristnogol, ynghyd â llyfrau oedd yn cadarnhau ei neges, ac ar ôl i rai gredu'r efengyl dylid dysgu Groeg a Hebraeg iddynt. Byddai angen cwrs o bedair blynedd. Y pwyslais canolog oedd addysg i bob oedran trwy gyfrwng y Saesneg, ar wahân i'r Dosbarth Meithrin. Roedd y bwriad yn rhy uchelgeisiol i'w fabwysiadu yn ei gyfanrwydd. Ond gyda'r un pwyslais llwyddodd Alexander Duff yn rhyfeddol yn wyneb gwrthwynebiad cryf.

## Y Beibl a Chrefyddau Eraill

Newidiodd pwyslais William Pryse mewn dwy ffordd, ei agwedd at le'r Beibl yn yr ysgolion, a'r modd y dylid meddwl am grefyddau eraill. Os y bwriad oedd ennyn parch at y Beibl, a chael pobl i dderbyn ei neges, 'Then Reason and experience teach that the Bible should not be mixed with other books in a day school, but should have a special place, and special means for teaching its principles'. Cyfeiriodd at y 'little urchins', a fedrai adrodd y Bregeth ar y Mynydd, darnau o Efengyl Ioan, y Salmau, a Diarhebion, ar y cof, ond eto i gyd, 'it came to no purpose'. Ar y pryd roedd mwyafrif o'r athrawon yn yr ysgol naill yn Hindŵiaid neu'n Foslemiaid'.

Nid oedd William Pryse yn brin o awgrymiadau. Gellid dysgu dosbarthiadau penodol gan athrawon Cristnogol; gellid mynd i'r cartefi, a dysgu ar y Sul. Roedd angen hyfforddi'r athrawon paganaidd ar y Sul, ac yn ystod yr wythnos. Trefnodd gfarfodydd ar gyfer y cenhadon, athrawon, y cateceiswyr, a rhai o'r disgyblion. Nid darllen y Beibl adnod wrth adnod oedd y dull gorau, ond yn hytrach, cael gafael ar neges a thystiolaeth gyffredinol y Beibl, ond roedd gwerth hefyd yn dull o holi ac ateb. A'r un i roi bywyd yn y gweithgarwch oedd yr Ysbryd Glân.

Ehangodd William Pryse y maes diwinyddol hefyd. Gwelodd fod angen dysgu'r athrawon a'r myfyrwyr. Gwnaeth yr athrawon eu hunain gydnabod eu hangen am hyfforddiant. Trefnodd y cenhadwr gyfarfod diwinyddol ar brynhawn Mercher, o 3 hyd 5 o'r gloch y prynhawn. Gwahoddodd Pryse yr athrawon ac aelodau pedwar dosbarth i'w gyfarfod, a bu ymateb brwd, gyda chymaint a thrigain yn bresennol yn eithaf aml. Astudiwyd llyfrau cysegredig yr Hindŵ, y Moslemiaid, a Beibl y Cristnogion. Astudiwyd yn arbennig y pwyntiau hyn:

1. The History of the Creation of the world and of man as contained in the three SSS

2. The knowledge of God in his being, nature, attributes, and relations, as revealed in the same

3. The History of the Fall – of the Divine Law, and of the nature, and demerit of sin, as revealed in the same

4. The History of the means for saving man, as contained in the same.

Pwrpas William Pryse, fel y cenhadon eraill, oedd dangos rhagoriaeth Cristnogaeth ar y crefyddau eraill, ond gwrthododd fod yn ymosodol. Nid ymosod oedd y ffordd i ennill eraill, ond yn hytrach trafod.

Dyna oedd ei ddull wrth drafod y Creu. Yn ystod un cyfnod trafodwyd, 'The Pauranic History of the Creation of the World and of Man'.  Dyma ddyfyniad o'r 'Hanes':

> In the beginning the universe was all darkness; there was no visible sign of an Universe. The self existing Creator manifested himself for the purpose of bringing to light this Universe. Then, he, wishing to create this World out of his body, in the first place, created water. He threw seed into that water. That seed became a large golden egg. One thousand years after, that egg became resplendent – like ten thousand suns. The Glorious Self-existing entered entered that egg. Hence he received the name 'Vishnu'. Then he became a Sun in that egg, and thus he, being the first (Adya), among the elements, received the name'Adytia'

I William Pryse roedd y disgrifiad yn 'poetic, fictitious and somnewhat uncouth', ond rhaid ei gymryd o ddifrif. Dyma hanes yn ôl yr Hindŵ; rhaid ei barchu, a beth bynnag roedd yr hanes Cristnogol yn ddryswch iddo yntau. Y ffordd ymlaen oedd dysgu yn y dull Socrataidd, sef, tybio anwybodaeth ar fater; casglu'r wybodaeth oedd ar gael, a rhoi cyfle i'r dosbarth i feddwl a holi.

Cyfeiriodd William Pryse hefyd at ddull Paul yn Athen (Actau 17). Yn ddoeth iawn, cydiodd yn yr hyn oedd yn ddealladwy i'r gwrandawyr, a thrafod heb fod yn ddilornus. Ond arweiniodd y gwrndawyr at yr un a'r unig Dduw. Wrth wraidd hyn roedd dealltwriaeth William Pryse o ddatguddiad cyffredinol, a datguddiad achubol. Pa le bynnag y mae gwirionedd Duw yw ei awdur. Er enghraifft, gwelodd yn y grefydd Hindŵiaidd fod bywyd yn ei hanfod yn ysbrydol, a dyma wirionedd pwysig i'w drafod wrth ddysgu a chenhadu. Ond, eto i gyd, nid oes unrhyw grefydd wedi datguddio neb tebyg i'r Arglwydd Iesu Grist.

Cydnabyddodd Wiliam Pryse fod problemau, yn arbennig wrth drafod y Drindod gyda'r Moslemiaid. Cydnabyddodd hefyd fod ei ddull yn newydd i'r cenhadon, ac arweinwyr y crefyddau eraill, 'a novel sort of study'. Nid oedd yr Hindŵiaid yn rhoi'r Ysgrythurau i bob cast, ond nid oedd hynny yn cyfrif dim i Pryse, 'But to us *Caste* is a vapour'. Ac yn sicr, nid oedd ei bwyslais wrth fodd y cyfarwyddwyr yng Nghymru, a Thomas Phillips yn llawdrwm ar William Pryse. Gwnaeth Thomas Phillips gymharu Robert Parry â William Pryse, Parry yn berson ysbrydol, heb wybodaeth pen, a'r dysgedigion yn gwneud ffŵl ohono; tra roedd William Pryse a digon o wybodaeth pen, ond heb wir ysbrydolrwydd. Ni fedrai'r ysgolion lwyddo o dan ei ofal, 'The Schools are little better than Heathenish Schools still'. Dyma eiriau braidd yn angharedig o gofio am sylwadau William Pryse ar addysg. Mae'n wir i fethiant personol nodweddi ei fywyd yn ddiweddarach, ond anodd gwybod a oedd diffyg ysbrydolrwydd yn gyfrifol am yr hyn a ddigwyddodd. Dylid cydnabod ei gyfraniad i geisio pontio rhwng Cristnogaeth a chrefyddau eraill. Ond mae'n bosibl bod yn feirniadol o'i ddull. Ceisiodd godi pont, ond dadleai h#efyd mai yn Iesu Grist y mae'r datguddiad cyflawn, a'i obaith oedd gweld credinwyr crefyddau eraill yn croesi'r bont i'w ochr yntau.

Er bod digon o wybodaeth ar gael ynglŷn â bywyd yr ysgolion, prin iawn yw'r disgrifiadau o'r adeiladau. Cynhelid ysgol mewn capel; yng nghartref cenhadwr, neu os yn bosibl adeiladwyd adeilad pwrpasol. Dyna ddigwyddodd ar ar lan afon Credit, lle'r oedd ysgol i ddeugain o blant Indiaidd. Rhoddwyd y disgrifiad gan ymwelydd:

A large building containing tiers of raised benches (like a gallery) in the rear; on one division of which sit the girls and the boys on the other. Around the schoolroom lay Bibles and New Testaments, English and American books, a handsome map of the world attractive alphabets on pasteboard, a picture of Elijah fed by ravens, arithmetic figures, by which to explain the principles of time-piece.

Ychwanegodd yr ymwelydd at y disgrifiad:

The walls of the School are adorned with good moral maxims, and I perceived that one of the rules was rather novel, though doubtless in place here, it was 'No blankets to be worn in School'. When Elizabeth, Peter Jones' wife, paid her first visit to the school she was very impressed, but noted the want of neatness in the school & cleanliness about the children.

Wedi bwrw golwg ar y cyfieithu; dosbarthu; pregethu, a'r hyfforddi mewn crefft, sylweddolir ymrwymiad, a dyfalbarhad y cenhadon. Dyma ddisgrifiad o waith wythnos i David Jones a David Griffiths ym Madagascar. Ar ddyddiau Llun, Mawrth, Iau, Gwener, addysg y plant a gafodd sylw, o 6 o'r gloch y bore hyd 8. 30 yr hwyr, ac o 2 o'r gloch hyd 4. 30 y prynhawn. Yn y bore yn unig roedd yr ysgol ar ddyddiau Mercher a Sadwrn, a threfnwyd ysgol gân ar nos Fercher. Trefnai David Jones ei ymweliadau â'r ysgolion yn ystod y tri diwrnod cyntaf o'r wythnos, a David Griffiths yn ystod y tri diwrnod arall. O drefnu felly gallent gael amser hefyd i gyfieithu, dau ddiwrnod fel arfer, a pharatoi ar gyfer y Sul. Treuliwyd sawl noson o 10 o'r gloch hyd 11 yr hwyr yn ysgrifennu ar bapur y cyfieithiadau a ysgrifennwyd ar lechi yn ystod y dydd. Ar y nos Lun gyntaf o'r mis, cynhelid cwrdd gweddi cenhadol, a chwrdd gweddi ar ôl yr ysgol gân nos Fercher.

# DYSGU'R GAIR: YN YR YSGOLION SUL

Mewn gwlad fel Tsieina â'i chefndir addysgol, medrai'r gweithwyr Cristnogol fynd ati'n syth i ddysgu'r iaith a chyfieithu'r Ysgrythurau. Mae'n wir bod yr iaith yn anodd i'w dysgu ond yr oedd cynorthwyon a defnyddiau ar gael. Ac roedd yn anodd hefyd i gyrraedd trwch y bobl, a oedd yn anllythrennog. Nid oedd dosbarth llythrennog o gwbl yn Ynysoedd Môr y De a Madagascar, ac yno fel mewn sawl gwlad arall, lluniwyd y wyddor, cyfieithwyd yr Ysgrythur a gwnaethpwyd darpariaeth i addysgu'r bobl. Er mwyn i'r gair llafar a'r gair ysgrifenedig fod o fudd i'r brodorion, 'it is absolutely necessary, that in such countries numerous schools should be established'. Sefydlwyd ysgolion dyddiol ac ysgolion Sul, a chrewyd y berthynas agosaf bosibl rhyngddynt. Yng Nghymru bu'r capeli'n hwyrfrydig i agor ysgolion dyddiol, a chanolbwyntiwyd ar ysgolion Sul a chodi capeli. Yn yr ysgolion oedd ar gael, y Saesneg oedd cyfrwng y dysgu. Pan ddaeth darpariaeth yn ôl Deddf 1870 cafwyd trefn Seisnigaidd. Sicrhaodd y cenhadon berthynas agos rhwng y ddau fath o ysgol, a defnyddiwyd yr iaith frodorol fel cyfrwng addysgu. Weithiau deddfwyd ynglŷn â'r mater, fel yn Nahiti, lle y dywedwyd wrth y rhai a dderbynid i'r ysgol ddyddiol, 'under condition of attending Tahitian worship and observ(ing) the regulations of the School'. Gwelodd cenhadon Casia'n dda i fod ychydig yn fwy ystwyth:

> In order to avoid future misunderstanding it is to be understood at the
> commencement that christian teaching is to be taught to all pupils, and that

it is the wish of the Missionaries that the students should attend Sunday services, but that this would not be made a compulsory rule of the School.

Yr un oedd y bwriad, er hynny, cysylltu gwaith yr wythnos â gwaith y Sul. Yn ystod dyddiau cynnar yr ysgol Sul yng Nghymru roedd galw am argyhoeddi rhai pobl o gywirdeb a buddioldeb y gweithgarwch ar y dydd arbennig hwnnw. Gwahanol iawn oedd yr agwedd ym Madagascar, oherwydd y Sadwrn oedd yn bwysig yno, a gellid trefnu cyfarfodydd ar y Sul heb dramgwyddo'r bobl. Ond roedd patrwm sefydlog i'r Sul yn Llydaw. Dyma'r dydd i addoli, ac wedi gwneud hynny treuliwyd yr amser mewn mwynhad cymdeithasol, a phob math o chwareuon a diodydd meddwol yn dderbyniol. Torri ar draws y drefn gymdeithasol a'r drefn eglwysig a wnâi'r ysgol Sul yn Llydaw. Pan feiddiodd un o'r offeiriaid yno gefnogi Cymdeithas y Beibl a chychwyn agor ysgol Sul, gorfodwyd ef gan awdurdod uwch i'w chau. Tasg anodd oedd sefydlu ysgolion Sul hyd yn oed yn yr ardaloedd gwledig. Pan agorodd John Jenkins ei ysgol gyntaf ar 22 Ionawr 1841, naw o blant a phump o oedolion a ddaeth ynghyd. Ym 1845 dim ond 8 oedd yn ysgol Sul y Methodistiaid Calfinaidd, 11 ym 1863, sef 6 plentyn a 5 bachgen ifanc, a'r sefyllfa ym 1867, Oedfa: 40-50; Dosbarth Beiblaidd: 15-20; Ysgol Sul: 11. A gofid y Methodistiaid ar ddiwedd y ganrif oedd, 'Reckless children of reckless parents will come'; parhau wnaeth gwrthwynebiad yr offeiriaid, a fedrai wrthod cymun i'r rhai a fynychai'r ysgol Sul.

Fel yng Nghymru, ac yn wahanol i Loegr, llwyddwyd i gael y plant a'r oedolion i'r ysgol Sul yn Nhahiti,

> The morning school is attended by all, both adults and children, and the higher classes of adults are then examined as to their knowledge of what they read, by a few simple questions arising from each verse calculated to lead their minds to its proper meaning, and designed to fix the truth upon their hearts. On Wednesdays and Fridays, we have public catechizing.

Tyfodd rai o'r ysgolion i fod yn eithaf sylweddol; un lle â 500 yn yr ysgol ddyddiol, a 100 yn yr ysgol Sul  Ni wastraffodd y cenhadon ddim amser i sefydlu ysgolion yn Mauritius a Madagascar. Parhaodd y gwaith, ac un o'r cenhadon mor selog a chynnal ysgol Sul cyn brecwast.

Yr un oedd y stori yng Nghasia. Sefydlwyd ysgolion Sul, a chadarnhawyd y gwaith:

| Cherra | Schools | 16 |
| | Teachers | 33 |
| | Scholars | 536 |

| Shella | | M. | F. | Total |
| --- | --- | --- | --- | --- |
| | Adults | 40 | 20 | 60 |
| | Children | 8 | 2 | 10 |
| | Teachers | 4 | 5 | 9 |

| Nongsawlia | Adults | 30 | 25 | 55 |
| --- | --- | --- | --- | --- |
| | Children | 60 | 35 | 96 |
| | Teachers | 4 | 5 | 9 |

Gwelir bod mwy o oedolion nag o blant yn Shella, mwy o fechgyn yn yr ysgolion na merched, a bod yr athrawon yn brin. Parhaodd y prinder athrawon a John Roberts yn dal i ofidio am hynny ym 1890. Trafferth mawr oedd cael dynion cymwys, ac wedi eu cael byddent yn symud yn fuan i gylchoedd eraill. Nid oedd pob athro yn paratoi'n fanwl chwaith ar gyfer y wers. Er hynny digwyddodd cynnydd:

| | 1891 | 1901 |
| --- | --- | --- |
| Aelodau Ysgol Sul | 7,909 | 14,502 |
| Plant yr Ysgol Ddyddiol | 4,625 | 7,337 |

Gwelir bod llawer mwy yn mynychu'r ysgol Sul nag oedd yn mynychu'r ysgol ddyddiol ac i lawer y Sul oedd yr unig gyfle i gael addysg. Dyma batrwm cyfarwydd yng Nghymru yn arbennig cyn 1870.

Mewn adroddiad o Ynysoedd Môr y De nodwyd bod ysgolion Sul ym mhob un o'r canolfannau cenhadol, a bod bron bob plentyn a glywodd yr efengyl yn mynychu un o'r ysgolion. Yna, rhoddwyd disgrifiad cryno a chynhwysfawr o natur y gweithgarwch:

They meet twice on the Sabbath; about an hour and a-half prior to the forenoon service, and two hours in the afternoon. They usually commence with singing. A short address is then given and prayer offered. After this they read and repeat what they may have learned the preceding week. They then walk into the chapel, two by two, with the teachers at the head of the respective classes, and take their seats in the house of God. Their behaviour there is quite as good as that of the children in Great Britain. In the afternoon they are interogated upon what they have heard in the morning. Their retentive memories have frequently surprised and delighted me. One will repeat the text; another, something stated in the introduction to the discourse; another, the first division of the subject; another, the first division under that, and thus go on from one particular to another, till, in the course of a quarter of an hour or twenty minutes, they have given back to the missionary all the leading ideas delivered in the morning. They commit to memory catechisms and large portions of the Sacred Scriptures.

Dyma bwyslais amlwg ar ddisgyblaeth a gweddustra, fel yn ysgolion Thomas Charles yng Nghymru. Dyma bwyslais ar gyfryngu'r gwirionedd trwy'r gair llafar, yr anerchiad a'r holi, a dyma bwyslais ar ddysgu ar y cof. Mae'r holi yn cyfateb i holi'r ysgol yng Nghymru, arfer a barhaodd hyd yn gymharol ddiweddar.

Yn ddiweddar yn y bedwaredd ganrif ar bymtheg y sefydlwyd yr ysgol Sul ym Merlin. Roedd gan Caroline Davies, gwraig George Palmer Davies, ddiddordeb mawr yn y plant, a thra yn Frankfort casglodd bron ddeugain o blant at ei gilydd a chynnal gwasanaeth iddynt ar y Sul. Yn ystod 1863, blwyddyn dathlu'r ysgol Sul yn Lloegr, ymwelodd y brodyr Woodruff a Broekelmann â'r ddinas i hybu achos yr ysgol Sul, a gweld cyfle i sefydlu un o dan ofal Mrs Davies, 'They organised these children into groups according to age and sex, induced Mrs Davies to associate four ladies with her as teachers, and so the first Sunday school in Germany was founded'. Erbyn diwedd 1880, roedd 2,000 o ysgolion Sul yn yr Almaen, a 200,000 o fynychwyr; 50 yn Ninas Berlin a 12,000 o aelodau.

Fel yn yr ysgolion dyddiol, gwnaethpwyd defnydd o gatecism, a llyfrau crefyddol eraill yn yr ysgolion Sul. Roedd peth o'r deunydd yn gyffredin i'r ddwy ysgol, fel yng Nghasia, *Rhodd Mam*, *Rhodd Tad*, yr *Hyfforddwr*, emynau, a'r Ysgrythurau. Gwaith defnyddiol yn y ddwy ysgol oedd *Cysondeb* Edward Robinson. Nid oedd Hugh Roberts, Casia, yn fodlon ar fersiwn William Lewis o'r gwaith hwnnw, ac aeth ati i gynhyrchu ei argraffiad ei hun, ond bu helbul rhyngddo a'r cyfarwyddwyr yng Nghymru. Siom i Roberts oedd i'r awdurdodau rhwystro'r fentr, ond yr oedd ef yn barod i fentro ar ei liwt ei hun. Dyma, yn ôl Roberts, yr union beth a oedd eisiau ar yr ysgolion Sul. Gellid hepgor y colofnau yn fersiwn Robinson, a dylid dilyn y *Cysondeb* yn unig, 'Yn fyr "cysondeb" ynghyd ag esboniad byr ar rannau mwyaf anhawdd yn dilyn pob adran ydyw, ac y mae'r Casiaid yn gwaeddi am lyfr cyffelyb'.

Fel yng Nghymru bu'r dysgu ar y cof yn gyfrwng i loywi'r meddwl a chreu ysbryd cystadleuol. O fewn mis i agor un o ysgolion John Roberts, Casia, llwyddodd y plant i ddysgu darnau helaeth o'r Ysgrythur. Ceir manylion am bum Sul:

| Meibion Adnodau | Merched Adnodau |
|---|---|
| 64 | 2 |
| 83 | 21 |
| 96 | 48 |
| 114 | 75 |
| 132 | 69 |

Tipyn o gamp oedd i'r bechgyn ddysgu 132 o adnodau ar gyfer un Sul, ond nid oedd hyn yn ddim o'i gymharu â'r hyn a wnaeth plant Ynysoedd Môr y De. Dysgodd pump ohonynt 356 o adnodau, ac un ferch fach 87 ei hunan, a hynny mewn wythnos. Ac roedd *Hyfforddwr* Thomas Charles yn rhan o'r ysgol Sul yng Nghasia, 'Yn y prydnawn gofynnir rhan o Catechism Mr Charles, a gwneir sylwadau arno. O'r braidd yr holl fechgyn a genethod yn yr ysgol ydynt wedi adrodd y cyfan o'r Rhodd Mam, ac amryw ohonynt rannau helaetgh o'r Hyfforddwr, a thybiwyf yr adrodd rhai y cyfan yn fuan'. Yn Côtes du Nord, Llydaw, holai'r offeiriad Pabyddol y plant ar y 'Catecism Eglwysig', ond er syndod iddo deuai'r atebion i gyd o'r Ysgrythur. Wedi holi deallodd fod y plant yn mynd i ysgol Sul Brotestannaidd o dan ofal athro'r pentref. Gorfodwyd ef i gau'r ysgol ar y Sul, ond parhaodd yr athro i wneud sylwadau ar y Gair yn yr ysgol ddyddiol.

Trefnwyd yr ysgol Sul fel y gellid cael cyfarfodydd amrywiol. Dyma'r patrwm ym Madagascar:

6-8 o'r gloch y bore, cateceisio, Saesneg a'r Falagaseg.

10:30, addoliad, Saesneg, Ffrangeg, Malagaseg.

1:30 p.m. arholi'r plant ar bynciau cyffredinol. Rhif arbennig o'r bechgyn gorau yn darllen o'r Ysgrythurau, 'that are translated into their own tongue, with correctness and emphasis'.

4:30 pm, canu emynau Saesneg, Malagaseg, a holi ynglŷn â phregeth y bore. Annog y rhai oedd yn bresennol i ofyn cwestiynau.

Yr hwyr, cwrdd gweddi'r cenhadon, a thrafod materion y dydd.

Mae cyfuniadau hapus yma, yr addolgar a'r addysgol, y ffurfiol a'r anffurfiol a'r llafar a'r cerddorol. Digwyddai popeth ym mhresenoldeb Duw yn unol â'i Air. Argraffwyd hyn ar feddyliau credinwyr ac anghredinwyr, plant yr ysgol Sul a'r dychweledigion. Gellid cymhwyso geiriau Griffith John, nid yn unig i Tsieina, ond i sawl gwlad arall, 'We drill our converts in the Bible'.

Pwysleisiwyd y dull o ddarllen darnau o'r Beibl a gwneud sylwadau arnynt. Yn wir, dyma oedd y rhan bwysicaf o'r oedfa foreol yng Nghasia:

> Ar y Sabbath y mae genym ddwy oedfa, un yn y bore a'r llall y prynhawn. Treulir yr un foreuol trwy ddarllen rhanau o'r Ysgrythur (yn benaf o'r Efengylwyr) yr hyn a gyfieithir i'r Casiaeg. Yna gwneir sylwadau eglurhaol ar yr hyn a ddarllenwyd, a chymhellir y gwirioneddau a osodir allan ar sylw y gynulleidfa. Bydd hyn yn fynych yn achosi cyd-ymddyddanion bywiog ac adeiladol.

Yr Efengylau oedd y maes y flwyddyn honno, a'r Hen Destament ym 1849. Newydd gyrraedd oedd Daniel Jones, a hon oedd ei oedfa Gasi gyntaf pan oedd Genesis, penodau 49 a 50 o dan sylw. Gwnaeth Thomas Jones a William Lewis sylwadau ar y darlleniad o'r Ysgrythur. Holwyd y gynulleidfa, plant ac oedolion, ar gynnwys y bregeth y Sul blaenorol hefyd. Gwnaeth Daniel Jones fentro holi cwestiynau gyda chymorth cyfieithydd. Yn Llydaw, llawenydd i John Jenkins oedd cael cwmni Boloch mewn oedfa, a darllenodd ef am y tro cyntaf ddarn o'r Ysgrythur mewn Llydaweg, a gwneud sylwadau arno. Dyma ddull oedd yn nhraddodiad y cyfarfodydd a gymeradwywyd gan John Knox a'r Piwritaniaid.

Gwnaeth John Davies yn siŵr bod hyn yn digwydd. Digwyddiad arwyddocaol yn Nahiti oedd darllen Efengyl Luc yn gyhoeddus am y tro cyntaf. Er bod cytundeb wedi ei wneud eisoes i'w ddarllen, nid oedd neb wedi gweithredu.

O'i chyfieithu roedd yr Ysgrythur yn fyw i'r bobl wrth wrando ar y darlleniad, y sylwadau, y bregeth, a'r dysgu ar y cof. Dyfnhawyd y profiad gan apêl at y llygad pan oedd copïau o'r Ysgrythur ar gael, oherwydd medrai'r addolwyr ei ddefnyddio yn yr oedfaon. Nodir bod hyd yn oed y plant yn America Brydeinig yn dod â'u Testamentau i'r oedfa. Mewn adroddiad at Gymdeithas y Beibl cyfeiriodd un cenhadwr at awch y bobl am Air Duw, ac un prawf o hynny oedd, 'in public worship when a passage is named, many a page is instantly turned over to ascertain if these things be so or not'. Calondid i Roger Edwards, Kuruman, oedd yr arferiad hwn, 'It is pleasing to see, occasionally, 50 of a congregation open their books to follow the missionary, during his reading of a chapter in time of service'.

Gwnaeth y dysgu a'r addoli ddylanwadu'n drwm ar y dydd cyntaf o'r wythnos. Yn wir, rhoddwyd diwrnod newydd i lawer gwlad. Dyma'r dydd a oedd i'w gadw'n ôl y pedwerydd gorchymyn, ac fel dydd yr atgyfodiad. Gyda'r gofal mwyaf y paratowyd ar gyfer y dydd er mwyn ei dreulio er gogoniant i Dduw. Arferai un o Indiaid America Brydeinig baratoi baco'r Sul ar nos Sadwrn. Arferai un o Gristnogion Casia wneud yn siŵr bod gwaith y siop wedi ei orffen ar y Sadwrn, a'i chau ar y Sul, ac adroddiad o'r un lle yn dweud, 'not a fire is lighted, neither flesh or fruit is baked, not a tree is climbed, nor a canoe seen on the river, nor a journey performed on God's holy day'. Ond medrai fod yn anodd i argyhoeddi ambell un o bwysigrwydd y dydd. Arfer y brodorion oedd gwneud y gwaith angenrheidiol ar gyfer y Sul, ar nos Sadwrn, a bod yn barod am ddiwrnod prysur. Dyma ddisgrifiad o'r Sul ym Madagascar;

On every Sabbath day from six to eight in the morning, we catechize the children in English and Malagash; at half-past ten, we have divine service in English, French and Malagash languages. At half-past one p.m. the children are called in and questioned on general subjects. A certain number of forwardest boys then read, in turns, about ten verses of the Holy Scriptures that are translated into their own tongues, with corectness and emphasis. At half-past four they meet again, to sing a few hymns both in English and Malagash. We ask them to relate what they remember of the sermon preached in the morning. After singing a hymn they are dismissed. We then have Prayer-meeting.

Er bod y Sul yn ddydd arbennig i'r Cristnogion, roedd disgwyl i bawb ei gadw am eu bod yn greaduriaid Duw, a bod hawl gan y ddeddf foesol arnynt. Nodwyd yn arbennig y pedwewrydd gorchymyn, ond yr oedd hwn yng nghlwn wrth yr ail orchymyn.

Er mwyn cael y darlun yn llawn rhaid cyfeirio eto at gyfarfodydd yr wythnos, a'u cysylltu â phrysurdeb y Sul. Cynhelid oedfaon addoli, dosbarthiadau Beiblaidd, cyfarfod i gateceisio, cyfarfod canu ac ambell gyfarfod cyhoeddus. Cynhelid nifer ohonynt mewn artref, a daeth hwn yn ganolfan allweddol i'r gweithwyr Cristnogol. Hysbysodd Thomas Jones, Casia, ei gymdogion ei fod yn cadw dyletsywydd deuluaidd a bod croeso iddynt ymuno. Trodd y cyfarfod byr yn oedfa addoli, a daeth cymaint o bobl ynghyd nes gorfodi Thomas Jones i chwilio am ystafell helaethach.

Roedd cyfarfodydd eraill, tebyg i'r rhai yn yr ysgolion Sul, ond yn fwy anffurfiol, a daeth cyfarfod felly yn boblogaidd mewn sawl gwlad. Cyfeiriwyd atynt fel 'Questioning Meetings' neu 'Conversation Meetings' yn Nahiti. Yn y carfarfod ar nos Lun trefnodd John Davies i hyfforddi'r bobl a rhannu gwybodaeth a phrofiad. Man cychwyn hwylus oedd pregeth y Sul, a hithau'n ffres ym meddwl y bobl. Naw blynedd yn ddiweddarach dywedodd John Davies, 'Our meeting with with the natives on Monday evenings for general conversation continues to excite a lively interest'. Dyma'r math o gyfarfod lle'r oedd Thomas Jones yn gwrando ar 'their little talk and thoughts of things', a threuliodd rai oriau, o 5 o'r gloch hyd at 10 o'r gloch yr hwyr weithiau, yn gwrando a chynghori. Nodwedd amlwg cyfarfod felly yn ôl Planta yn Llydaw oedd, 'brotherly familiarity', a chroesawyd yr un dull ymMadagascar a Chasia. Yn Madagascar trefnai Cameron i'r gweithwyr gael eu cyfle yn ystod oriau gwaith i ddod â chwestiynau i'w trafod, a hynny ar ddau amser penodedig.

Yng Nghasia, cynhaliai Mrs Roberts ddau ddosbarth ar y Sul, un yn y prynhawn, ac un arall yn yr hwyr. Ond roedd ganddi ddosbarth arall hefyd:

> Mae gennym 'Ysgol Sabbothol' ar nos Wener, i'r hon y mae nifer da yn arfer dyfod. Mae yn gynwysedig o bump o ddosbarthiadau i ferched. Dymunol iawn gweled menywod fydd wedi bod gyda'u llafurwaith ('working labourers'), yn ystod y dydd, menywod sydd wedi dyfod i Nongsawlia er mwyn yr Efengyl, yn tacluso eu hunain er mwyn dyfod i'r dosbarthiadau hyn, ac yn ymddangosfel yn derbyn llawer o fwynhad oddiwrthynt.

Yn y cyfarfodydd hyn y cafodd y bobl hyfforddiant, cadarnhad profiad, cymdeithas a chyfarwyddyd i wynebu gwahanol anawsterau a phroblemau. Mewn cyfarfod yn Madagascar gofynnwyd i un a fu'n swynwr paganaidd adrodd ei brofiad er mwyn i'r lleill gael cymorth i siarad â pherson felly. Mewn cyfarfod arall trafodwyd mater oedd yn real iawn i bobl Madagascar:

> After the solution of various passages of Scripture proposed by them a slave inquired how the believing in Jesus affected their duty to their masters, and was directed (being an excellent reader) to Ephesians VI: 5 to 8 to prove that it by no means releases them from the strictest fidelity & obedience, but confirms the obligation by establishing it upon the highest & most influential motives.

'Roedd caethwasiaeth yn ffiaidd yng ngolwg y cenhadon, ond gwyddent nad oedd yn bosibl ei dileu heb newid y llywodraeth. Yn y sefyllfa bresennol felly gellid parchu'r caethion, eu caru a'u derbyn fel brodyr cydradd yn yr eglwys.

Trafodwyd onestrwydd mewn gwaith ac wrth fargeinio ag eraill, a gwyddai'r credinwyr bod galw arnynt i fyw felly mewn cymdeithas dwyllodrus. Mater arall oedd ag oblygiadau cymdeithasol amlwg iddo oedd dal tir neu eiddo. Creodd y ddysgeidiaeth Gristnogol barch at eiddo preifat, ond crewyd tyndra yn y gymdeithas oherwydd y pwyslais ar y llwythau. Cafodd Peter Jones drafferthion di-rif oherwydd hyn yn America Brydeinig, wrth ddelio â'r penaethiaid, a'r awdurdodau yn Llundain. Yn Nahiti hawliau pysgota a achosodd broblemau. Er bod y môr agored yn rhydd i bawb bysgota ynddo, roedd trefn bendant ynglŷn â gwneud hynny o fewn y riffs, lle roedd gwahanol berchenogion i'r lleoedd pysgota. Pan fyddai dynion dieithr yn dal pysgod yno, roedd yn angenrhaid arnynt roi ychydig i'r perchennog. A oedd y credinwyr i ddal at yr arfer hwn? Dylent, yn sicr, yn ôl John Davies, 'showing that the reception of the word of God had abolished nothing that was good just and equitable, that it abolishes what is evil, and that alone, and if private property was respected formerly, it ought to be more so now'. Gwnaeth John Davies ymdrech i gyflwyno egwyddorion Cristnogol, yn hytrach na gwthio trefn gymdeithasol arbennig ar y bobl, neu ddatrys y problemau o safbwynt politicaidd a fyddai'n ddieithr i bobl Tahiti.

Wrth ystyried wythnos gyfan mae'n bosibl cael golwg ar amrywiaeth y gwaith a phrysurdeb y gweithwyr. Ym Madagascar, cynhaliwyd pedwar cyfarfod ar y Sul, a chwrdd gweddi'r cenhadon yn yr hwyr. Cynhaliwyd y cyfarfod cyntaf am chwech o'r gloch y bore, a'r cwrdd gweddi cyn mynd i gysgu. Felly gallai fod yn ddiwrnod hir iawn. Fel y nodwyd eisoes am yr wythnos, roedd ysgol ym Madagascar am bedwar diwrnod, bore a phrynhawn, ac yn y bore ar ddyddiau Mercher a Sadwrn. Ymwelai'r cenhadon â'r ysgolion yn eu tro, a neilltuo amser i gyfieithu. Yn ychwanegol at hyn, cynhelid cwrdd gweddi cenhadol, ac ysgol Gân. Medrai diwrnod fod yn hir iawn, o 6 o'r gloch y bore hyd tua 11 o'r gloch yn yr hwyr. Prin oedd y cyfle i ymlacio; ar ddydd Sadwrn fel arfer, er bod eisiau paratoi ar gyfer y Sul hefyd. Cyfle arall oedd cael pryd o fwyd gyda'i gilydd.

# CASGLIADAU

Yn y gorffennol, cafodd y cenhadon tramor o Gymru sylw haeddiannol. Ond ni chafodd y gwaith o gyfieithu ddigon o sylw. Cyfrannodd Penar Griffiths ysgrifau manwl ar nifer o genhadon o bob enwad. Cyfeiria at waith cyfieithu ambell genhadwr, ond mewn ysgrifau manwl ar John Jenkins, y Bedyddiwr; T. M. Thomas, yr Annibynnwr, a Thomas Jones, Casia, y Methodist Calfinaidd, ni roddwyd fawr o sylw i'w gwaith cyfieithu. Ni chafodd y gweithwyr ddigon o sylw, hyd yn oed gan E. Lewis Evans, yn *Cymru a'r Gymdeithas Genhadol*.

Un o nodweddion y dasg oedd ei bod yn gydenwadol, a hynny mewn cyfnod a welodd dwf yn rhif yr enwadau yng Nghymru, y Wesleaid ym 1800, a'r Methodistiaid Calfinaidd ym 1811. Yn Tsieina, er enghraifft, llwyddodd Griffith John i fod ar delerau da â'r Wesleaid a chynrychiolwyr Eglwys yr Alban. Nid oedd sefydlu eglwysi yn nod gan Gymdeithas y Beibl gan ei bod yn gymdeithas gydenwadol. Cynrychiolwyd y gwahanol enwadau ar ei phwyllgorau, eto roedd ganddi ran yn y wedd hon o'r gwaith. Ar ôl i gwmni o bobl mewn cylch arbennig gredu, deuent at ei gilydd i sefydlu eglwys, a chael Beiblau o'r Gymdeithas.

Nid oedd cydweithio yn rhwydd bob amser. Digwyddodd tyndra ac anghydweld dwfn rhwng y cenhadon yn Nghasia, a Griffith John oedd yn heddychu pan oedd y trafod yn troi'n ddadlau brwd yn Tsieina. Materion ieithyddol oedd wrth wraidd yr anghydweld, ond awgrymu'r gwahaniaethau personoliaeth hefyd, ac ychydig eiddegedd pan oedd un cyfieithydd yn cael mwy o gyfrifoldeb nag un arall, fel yng Nghasia. Nodweddwyd David Jones, Madagasca, gan ddoethineb, ac roedd angen amdani yn y wlad honno a David Griffiths, er enghraifft, yn gymeriad cymhleth. Nid ymhlith y Cymry yn unig roedd rhaniadau, ond fel ym Madagascar, rhwng y Cymry a'r Saeson. Ni flinodd John Jeffreys y Sais ar wrthwynebu'r Cymry. Ym marn John Davies, Tahiti, roedd ei gyd-Gymro, Thomas Joseph, yn fwy o Sais nag o Gymro.

Y cyfieithu oedd sail pob gweithgarwch arall, y pregethu, y dysgu, yr addoli, a'r ymweld â'r cartrefi. Cyfraniad pennaf y cyfieithwyr oedd rhoi'r Beibl i lawer o bobl yn eu hiaith eu hunain. Dyma eu cyfraniad i frodorion Madagascar, Tahiti, Casia, Canada Uchaf, a Lwshai. Nid oedd ganddynt iaith ysgrifenedig, ond pan gawsant y Beibl yn eu hiaith agorwyd byd newydd iddynt. Pwysodd y cyfieithwyr yn drwm ar y brodorion er mwyn dysgu'r iaith, a'u galluogi i gyfieithu mor gywir ag oedd yn bosibl. Meistrolodd y cyfieithwyr y gwahanol ieithoedd, a chasglu'r wybodaeth angenrheidiol ar gyfer datblygiad ieitheg; ffurfio Geiriaduron, a chyhoeddi llyfrynnau. Daeth amryw ohonynt yn ysgolheigion disglair, yn arbennig David Jones, Llydaw, a benodwyd yn athro yng Ngholeg Cheshunt, Caergrawnt; George S. Owen yng Ngholeg y Brenin, Llundain; Llewellyn Thomas yn athro yn Rhydychen; etholwyd W. Jenkyn Jones, Llydaw, yn aeolod o'r 'Societé Archeolegique', a medrai George Palmer Davies, yr Almaen, ymgodymu â phroblemau diwiynddol a thestunol yng nghwmni Delitszch a Camphausen. A daeth y gweithwyr eraill, ar wahân i'r uchod, yn feistri ar iaith gwlad eu gweithgarwch, megis Griffith John yn China, a John Davies yn Nahiti. Cyflawnwyd gwaith cyfieithu a diwygio. Llwyddodd John Jenkins, Llydaw, gyfieithu neu ddiwygio pum argraffiad rhwng 1847 a 1872. Ym Madagascar, gorffennwyd cyfieithu'r Beibl ym 1835, a hwn oedd sail pob argraffiad hyd 1889.

Roedd yr hyn a gyflawnwyd yn rhyfeddol o gofio am rai o'r cyfieithwyr. Cawsant ychydig addysg, megis ysgol Neuadd-lwyd, colegau Caerfyrddin a Gosport. Roedd nifer o gefn gwlad Cymru ac yn yn gyfarwydd â bywyd caled. Mae'n sicr i hyn eu paratoi ar gyfer llafurio mewn gwlad ddieithr, lle roedd y tywydd, y bobl a'r iaith mor wahanol i Gymru. Rhaid edmygu eu brwdfrydedd, a'u hoptimistiaeth. Medrai eu hoptimistiaeth, er hynny, gau eu llygaid i wir gyflwr y gwahanol wledydd. Roedd hyn yn wir am y cenhadon, Cymdeithas y Beibl a'r LMS. Er i'r cenhadon gael peth hyfforddiant, dylai fod yn fwy trwyadl.

Ar wahân i'r cyfieithu roedd gofyn i'r gweithwyr fod yn drefnwyr effeithiol hefyd. Cafodd George Palmer Davies lond gwlad o waith. Goruchwyliai Yr Almaen a'r Swistir, gyda thri canolfan, Berlin, Frankfurt a Cologne. Mewn cyfnod o tua dau fis yn ystod y rhyfel ym 1870, dosbarthwyd bron 90,000 o gopïau ym Merlin yn unig, a 30,000 ohonynt mewn pum wythnos. Pan gyhoeddwyd y *Testament Newydd* ym Madagascar ym 1830, sicrhawyd 430 o gopïau i bob dosbarth yn y gymdeithas, athrawon a'u disgyblion; milwyr; morwyr; caethweision; gweithwyr sebon, a phrentisiaid o dan arolygiaeth y cenhadon. Cafodd Alexander Wylie a Griffith John gyfle euraid i werthu a rhoi am ddim yn ystod eu taith ym 1869. A meddylier am J. T. Evans a'i waith yng ngwlad enfawr Awstralia. Llwyddodd i gyrraedd mannau anghysbell. Nid oes amheuaeth i nifer dda elwa o'i deithiau. Pan oedd y nfer yn uchel, mwyaf i gyd oedd y posibiliadau, oherwydd credai'r dosbarthwyr yn nghallu'r Ysbryd Glân i oleuo'r darllenwyr. Iddynt hwy roedd y posibiliadau yn fawr iawn.

Beirniadwyd Griffith John yn Tsienia am fabwysiadau'r fath gynllun oherwydd bod cymaint o wastraff. Ond un parod i amddiffyn ei hun oedd Griffith John, a chyfeiriodd at ddameg yr heuwr. Collwyd llawer o'r had, ond roedd y cynhaeaf yn sicr. Mae cryfder yn ei ddadl. Eto i gyd, mae angen deall cyflwr meddwl y person sy'n derbyn Beibl, ac os yn bosibl o gwbl dylid ei gyfarwyddo. Dyna farn Evan Bryant a George S. Owen, dylid pwyllo, ystyried angen person, ac os oedd diddordeb ganddo yn yr efengyl, yna gwerthu neu roi.

Gwnaeth y cyfieithwyr ymdrech lew i wneud y Beibl yn sail i addysg yn yr ysgolion dyddiol. Digwyddodd cynnydd amlwg yn rhif yr ysgolion ym Madagsgar. A bu llwyddiant yn Tsienia ac Ynysoedd Môr y De. Mae'r gwahaniaeth rhwng sefyllfa addysgol rai o'r gwledydd a'r sefyllfa yng Nghymru yn amlwg iawn, a hynny mewn tair ffordd. Fel yr awgrymodd Iorwerth Jones byddai'n dda pe byddai Cymru wedi rhoi lle i ysgolion dyddiol, yn ogystal a sefydlu ysgolion Sul. Yn ail, Saesneg oedd cyfrwng yr addysg yng Nghymru, ond gwnaeth y mwyafrif o'r cenhadon ymdrech i ddysgu trwy gyfrwng yr iaith frodorol. Ac yn olaf, y plant a gafodd addysg yng Nghymru, ond mewn sawl gwlad dramor addysgwyd pob oedran. Roedd hyn yn arbennig o wir am Ynysoedd Môr y De, a Madagascar.

Ar waethaf yr anawsterau, dyfalbarhau a wnaeth y cenhadon. Wynebwyd ar amryw o brofedigaethau. Nodwyd esioes yr anghydweld rhwng y cenhadon. Rhwystr oedd hyn i ddatblygiad y gwaith cyfieithu. Nid rhyfedd fod afiechyd wedi gafael yn amryw ohonynt. Profiad chwerw i David Jones, Madagascar, oedd colli pump o'r cwmni cynnar mewn ychydig fisoedd. Gorfodwyd A. J. Wookey, Affrica, a George S. Owen, Tsieina, i ddychwelyd i Loegr. Ergyd i John Davies, Tahiti, a David Griffiths, Madagascar oedd sylweddoli eu bod yn raddol yn colli eu golwg. Bu farw gwraig gyntaf, ac ail wraig Griffith John, Tsieina. Dychwelodd yntau i Lundain â'i feddwl wedi drysu. Dioddefodd Mary Lewis, gwraig, William Lewis, Casia, a Caroline Jenkins, gwraig John Jenkins, Llydaw, gyfnodau o afiechyd enbyd. Lladdwyd J. S. Thomas, Affrica yn ystod rhyfel rhwng y llwythau.

Ar ben hyn oll, wynebwyd gwrthwynebiad drwy'r gair llafar ac ysgrifenedig, megis yn Llydaw a Tsieina. A medrai'r gwrthwynebiad fod yn fwy poenus pan ddigwyddai erledigaeth. Erlidiwyd Cristnogion Madagascar yn greulon, a digon amhleserus oedd rai o brofiadau Griffith John yn Tsieina, a John Thomas yn Sardinia. Mynegiant arall o ddyfalbarhad y cyfieithwyr yw'r amser a roddwyd i'w gwaith. Treuliodd

T. M. Thomas, Affrica, ugain mlynedd ar y Testament Newydd, ac A. J. Wookey, Affrica bron ddeng mlynedd yn cyfieithu i iaith Sechuana. A chyfrannodd y gwragedd at y gwaith. Yng nghanol ei phrysurdeb gyda'i deuddeg o blant, cyfrannodd gwraig John Jenkins, Llydaw, yn sylweddol at y gwaith o gyfieithu. Felly hefyd, Mary, gwraig William Lewis, Casia, a Sidney Roberts, gwraig John Roberts, yn yr un wlad.

Gwnaeth y cyfieithwyr, bron i gyd, ganolbwntio ar gyfieithu a rhannu'r Ysgrythur yn iaith y brodorion. Hugh Roberts oedd un o'r ychydig rai a feddyliai'n wahanol. Ni welodd bwrpas i ddiogelu'r Llydaweg, a dyna oedd agwedd Cymdeithas y Beibl hefyd. Ac yn yr ysgolion, dysgwyd trwy gyfrwng y Saesneg a'r Falagaseg ym mhrifddinas Madagascar, ond y Falagaseg yn unig a ddefnyddiwyd yn y wlad. Llydaweg a Ffrangeg oedd cyfryngau'r dysgu yn Llydaw. Pobl anllythrennog oedd mewn sawl gwlad lle gweithiau'r cenhadon, ond trwy gael eu dysgu yn eu hiaith eu huain daethant yn llythrennog. Engrhaifft dda yw Gogledd Mizoram. Cyfeiriodd J. Meirion Lloyd at eu crefydd, 'Animism has been described as the faith of pre-literate people----from being totally illiterate they have become the second most literate area in the whole of India'.

Nid bob amser y llwyddodd y gweithwyr i roi'r flaenoriaeth i'r iaith frodorol. Cyfeiriwyd eisoes at agwedd Hugh Roberts at y Llydaweg. Defnyddiai William Pryse yr iaith frodorol yng Nghasia, ond ei awydd cryf oedd dysgu Saesneg i'r bobl er mwyn ehangu eu meddyliau. Awydd Peter Jones oedd gweld eu bobl yn meistroli'r iaith Saesneg, a chadw cysylltiad ag arweinwyr y Senedd yn Llundain. Hawdd deall yr awydd hwn, oherwydd heb ennill eu clust nid fyddai gobaith ganddo i sicrhau breintiau i'w bobl, yn arbennig yr hawl i feddiannu tir. Newid ei feddwl a wnaeth Griffith John. Ar ôl blynyddoedd o gyfieithu a chenhadu trwy gyfrwng yr iaith Tseinaeg yn bennaf, canolbwyntiodd ar yr iaith Saesneg. Roedd hyn yn anorfod yn ei farn ef, oherwydd cynnydd yr iaith yn Tsieina.

Trwy'r cynnydd hwn roedd drws yn agor i ddylanwadau o'r Gorllewin, a chyfoethogi'r wlad. Roedd Griffith John yn ymwybodol iawn o'i wreiddiau yng Nghymru, ond medrai ef, a William Pryse, siarad fel Saeson yn aml. Roedd y cenhadon yn rhy barod hefyd i greu patrwm crefyddol Cymraeg mewn gwledydd eraill. Pwysleisiodd yr LMS ar y cychwyn cyntaf, nad neges enwadol oedd gan eu gweithwyr, ond yn hytrach neges gras Duw, sef efengyl yr Arglwydd Iesu Grist. Ond cyhoeddwyd neges Gristnogol mewn ffrâm enwadol. Dyna oedd yn wir hefyd am genhadaeth yr enwadau eraill. Yn unol â'u gwaith, angenrhaid oedd sefydlu addoliad a phregethu, ond trefnwyd yr un mathau o gyfarfodydd a welwyd yng Nghymru. Ac mae adeiladwaiaeth capel Morlaix yr un fath ag adeiladwaeth capel yng Nghymru, ond gwnaethpwyd ymdrech ym Madagascar i'r capeli gyfateb i nodweddion adeiladau cylch arbennig. Dyrchafwyd y pregethwr fel yng Nghymru, ac edmygwyd ei ffordd o wisgo.

Rhoddwyd dydd Sul arbennig i'r gwledydd, a chyfle gwerthfawr i addoli a gorffwys. Ond y perygl oedd bod yn ddeddfol. Nos Sadwrn oedd noson i baratoi baco yn America Brydeinig, ond os gellid ysmygu ar y Sul, oni ellid paratoi'r baco hefyd? Gwnaeth neddwl fel hyn arwain i fod yn ddu a gwyn ynglŷn â'r hyn y gellir ei wneud a'r hyn na ellir ei wneud ar y Sul, nes cathiwo'r ysbryd. Yng Nghymru, hyd yn gymharol ddiweddar, gwahaniaethwyd rhwng y pethau a ddylid eu cynnal yn y capel, a'r hyn a ddylid ei gynnal yn y festri. Y capel oedd yn gysegredig, ond nid oedd hyn yn wir am y festri.

Mae lle felly i feirniadaeth. Er hynny, mae nifer o ysgrifenwyr yn eithafol yn eu beirniadaeth. Enghraifft dda o hyn yw'r llythyr a ymddangosodd yn y *Western Mail*, oedd yn cynnwys y gosodiad hwn, 'Yn amlach na pheidio fandaliaeth ddiwylliannol oedd canlyniad y brwdfryddedd hwn'. Cyfeiria R. Watcyn James at yr awdur Alan Moorehead, sy'n llym ei feirniadaeth ar y cenhadon. Yntau hefyd yn gweld dinystrio diwylliannau, a'r ffordd yr elwodd y galluoedd Ewropeaidd ar draul pobl leiafrifol, yn cynnwys Tahiti. Mewn sawl gwlad agorwyd y ffordd i'r cenhadon gan y milwyr. Hwythau yn cynrychiolu awdurdod Prydain, a'r cenhadon yn falch o'i presenoldeb, oedd yn sicrhau diogelwch iddynt. Roedd Griffith John, er enghraifft, yn barod i gael cymorth y milwyr mewn sefyllfa anodd, a chroesawodd y ffaith fod porthladdoedd wedi eu hagor i hybu masnach, a chreu perthynas agosach rhwng Prydain a Tsieina. Medria'r cenhadon, fel y milwyr, fod yn imperialaidd. Gallent weithio yng nghysgod y milwyr, a gorfodi diwylliant estron ar ddiwylliant brodorol, fel yn yr India, Tsienia a Thahiti.

Mae sylwadau Brian Stanley yn gymorth i ymateb i'r beirniaid. Dylid bod yn glir ar y dehongliad o 'Imperialaeth'; rhaid egluro'r term yng nghyswllt gwlad aerbennig. Dyma bwynt pwysig. Cynrychiolydd oedd gan Brydain ym Madagascar, a llwyddodd i fod ar delerau dau â'r brenin. Gwnaeth hyn hyrwyddo'r dystiolaeth genhadol. Ond tybed nad yw Gwyn R. Campbell yn mynd yn rhy bell trwy haeru '[that] on closer analysis, it becomes clear that political factors played a large, if not predominant role'. Ond llywodraethodd Prydain yn ormesol yn yr India, a gresynau John Davies at ddylanwad gwael cynrychiolwyr y llywodraeth, 'who flaunted openly their social superiority'. Ni ellir cyhuddo John Jenkins, Llydaw; David Jones a Thomas Bevan, Madagascar; T. M. Thomas, Affrica, a Peter Jones, Canada Uchaf, o ddilyn y milwyr. Uniaethu eu hunain â'r brodorion a wnaeth y gweithwyr hyn.

Dylid rhoi sylw 'r term 'diwylliant' hefyd. Mae'n dda cofio beth oedd natur bywyd y bobl mewn rai gwledydd cyn dyfodiad y cenhadon. Cyfeiriodd R.Watcyn James at dystiolaeth John Davies, Tahiti. Yn ôl y cenhadwr, isel oedd moesau'r brodoron cyn dyfodiad y tramorwyr. Pan gyrhaeddodd y masnachwyr a'r morwyr, croeshawyd hwy gan y brodorion a'r cenhadon, oherwydd eu bod yn dod â nwyddau a llythyrau, ond yn fuan gwaethygu a wnaeth sefyllfa'r brodorion. Roedd gor-yfed a phuteinio. Yng ngeiriau John Davies, 'The boar out of the woods has devastated our inheritance'. Agweddau ar eu diwylliant oedd yr arfer o fwyta cnawd dynol, ac aberthu plant. Nid pethau ymylol oedd y rhain. Ym Madagascar yn grefyddol, rheolwyd y bobl gan ofergoeliaeth y swynwyr; yr astrologwyr, a'r eilunod. Tynged oedd yn penderfynu dyfodol bob person. Er enghraifft, medrai'r swynwr ddweud a'i da neu ddrwg oedd yn wynebu baban. Os drwg, claddwyd ef mewn pwll o ddŵr, a thaflu pridd drosto. A dyna arfer creulon y 'tangena', y prawf trwy gymeryd gwenwyn.

Yng Nghanada Uchaf, treuliau'r bobl lawer o amser yn gor-yfed, a gwastraffu eu hamser. A llawer ym maes cenhadol Griffith John yng ngafael opiwm. Dyma un o'r problemau dwys a wynebodd, a llawenydd calon iddo oedd clywed am un wedi ei rhyddhau o afael y cyffur. Yn yr India, roedd y bachgyn yn fwy gwerthfawr na'r merched, a digon caled oedd eu bywydau.

Ymatebodd y cenhadon ar ddwy lefel. Er enghraift, i Griffith John roedd pregethu yn ganolog i'w weinidogaeth, ond agorodd ysbytai hefyd, yn cynnwys un i wahangleifion. Roedd y wedd efengylaidd a'r ddyngarol ynghlwm wrth ei gilydd. Ni allai'r cenhadon ddioddef gweld amharchu'r corff, a lladd babanod, oherwydd credent mai Duw a'u creodd; dylid eu parchu, a sylweddoli bod bywyd yn werthfawr.

Bu'r cymdeithasau cenhadol yn hwyrfrydig i apwyntio gwragedd yn genhadon swyddogol, ond fe ddigwyddodd hynny. Cyn iddynt wneud, roedd lle anrhydeddus i'r gwragedd, a pharchwyd hwy yn fawr. Roeddent yr un mor brysur â'u gwŷr. Cyfranasant yn sylweddol i addysg, yn arbennig yng Nghasia, a rhoddasant sylw i'r uned deuluol. Cawsant fwy o barch na gwragedd Cymru. Cyfeiria Max Warren at y ferch sengl yn benodol, a dweud, 'In this idea of a woman having a vocation to remain single and yet to live in the world and serve it, the missionary movement made quite a unique contribution to social change'.

Tuedd y beirniaid oedd canolbwyntio ar yr agweddau politicaidd a diwylliannol, ond mae agweddau eraill sy'n hawlio sylw. Wrth ymateb i'r beirniaid, yr Athro Knorr yn arbennig, cyfeiria Max Warren at waith Johannes De Berg, *Constrained by Love*, sy'n trafod deg o gymhellion a yrrodd y cenhadon i wledydd tramor, sy'n cynnwys ar wahân i'r cymhellion imperialaidd/ddiwylliannol, y dyngarol; yr eglwysig; eschatolegol, a'r rhamantus. Nid un neu ddau o gymhellion sydd i'w hystyried ond llawer. A medrai mwy nag un cymhelliad symbylu un person i weithio yn y maes cenhadol tramor.

Mae'r cymhelliad eschatolegol o ddiddordeb arbennig. Credai'r cenhadon fod diwedd y byd yn nesáu; rhaid felly ymysgwyd, cyhoeddi'r efengyl a chyfieithu'r Ysgrythur cyn i'r diwedd ddod. Yr hyn a'u galluogodd i wneud y gwaith oedd fflam cariad yn eu calonnau. Dyma hanfod y gweithgarwch. Meddylier er engrhaifft, am gefndir David Jones a aeth i Fadagascar. O dan weinidogaeth Thomas Phillips, yr hyn a wasgai ar feddwl y llanc ifanc oedd ei gyflwr crefyddol ef ei hun, a chyflwr y bobl ym Madagascar, a'i awydd pennaf oedd mynd â'r efengyl iddynt. Ei argyhoeddiad crefyddol, a chyfarwyddyd ei weinidog a'i arweiniodd i Fadagascar.Yn raddol newidiodd y pwyslais, a chanolbwyniwyd fwy ar greu gwledydd Cristnogol; creu teyrnas Dduw ar y ddaear. Daearwyd y pwyslais apocalyptaidd yn unol ag optimistiaeth ryddfrydol Oes Fictoria. Ond meddwl yn nhermau syniadau y Gorllewin oedd y rhyddfrydwyr hefyd.

Pan fydd rywun yn newid ei grefydd i fod yn Gristion neu'n Fwslim, digwydd newid amlwg, 'Conversion from one set of beliefs to another must have profound cultural implications, both for the individual and for the group of people'. Yr unig ffordd osgoi hyn yw peidio cenhadu, ond heb, er enghraifft genhadaeth Tahiti, byddai'r brodorion yn dal i fwyta cnawd dynol, ac aberthu plant.

Ceisiodd y cenhadon weld pob agwedd o'u gwaith yng ngoleuni'r Beibl. Nid oedd hyn yn rhwydd bob amser. Credent ar ei sail, mai Iesu Grist yw'r unig ffordd at y Dduw. Dyma'r ystyriaeth ganolog. Beth bynnag oedd eu methiannau, dyma oedd yn holl bwysig iddynt. Dyna un rheswm paham y mabwysiadodd y mwyafrif o'r cenhadon agwedd ymosodol wrth ddelio â chrefyddau eraill. Dywed Brian Stanley, 'relatively few missionaries before the twentieth century followed the example of Paul in Athens in Acts 17 in combining that categorization with a confrontational evangelistic approach which acknowledges the seriousness of humanity's quest for God'. Ymysg yr ychydig roedd Griffhith John ac William Pryse.

Ond ni fyddent hwy yn croesawu'r datblygiadau a ddigwyddodd yn ddiweddarach, yn arbennig y pwyslais cynhwysol, a roddodd le canolog i arbenigrwydd Cristnogaeth, ond yn credu hefyd yn y gobaith ehangach. Bu Crist farw dros bawb, a dyma sail gobaith bob person. Nid oes raid dod i brofiad o hyn. Roedd gwaith Crist dros aelodau o grefyddau eraill, ond mae ef yn anweledig iddynt, ac felly, ar sail y Crist anweledig y mae Cristnogion anweledig. Mae hyn yn wir yn drosgynnol ond nid yn brofiadol.

Ni fyddai Mwslim neu Iddew yn hapus iawn i gael eu galw yn Gristnogion anweledig. Roedd eangfrydedd diwynyddol D. P. Jones, yn ymdebgu i'r pwyslais hwn. Pleidiwr cynhwysolieth oedd ef..

Yr ystyriaeth sylfaenol yn y drafodaeth yw natur Person a gwaith Crist. I'r mwyafrif llethol o'r cenhadon a'r cyfieithwyr roedd Crist yn unigryw, a phwrpas eu gwaith oedd cynorthwyo pobl i dderbyn y Crist hwnnw. Ac roedd angenrhaid cyhoeddi'r newyddion da i bawb o bobl y byd. Unwyd y pregethu â'r cyfieithu i hybu'r efengyl.

Mudiadau cenhadol oedd yr LMS a Chymdeithas y Beibl. Gwrthododd y Gymdeithas gyhoeddi un o gyfieithiadau Llewelyn Thomas am nad oedd yn gyfrwng cenhadol. Nid oedd diwyllio pobl yn ddigonol chwaith. Pan wnaeth yr LMS annog John Davies i roi mwy o bwys ar ddiwyllio brodorion Tahiti cyn efengylu, gwrthododd wneud hynny, 'he was not guilty of confusing his own culture with the essential message'. Roedd comisiwn Iesu Grist yn dal yn ei rym [Math. 28, adnodau 18-20]. Testun pregeth gyntaf Griffith John oedd Rhuf. 1, adnod 16. Yn yr un ysbryd â Paul, y gwnaeth Griffith John ac eraill, wynebu her yr Iddew a'r Groegwr. Eu bwriad oedd dwyn pob meddwl i ufudd-dod Crist, a llwyddasant yn rhyfeddol.

# LLYFRYDDIAETH DDETHOL

## Y prif ffynonellau yw'r casgliadau yn y gwahanol lyfrgelloedd:

Aberystwyth, *Calvinistic Methodist Archives* (CMA)

Caergrawnt, *Cymdeithas y Beibl*

Birmingham, Prifysgol, *Church Missionary Society* (CMS)

Llundain, Guildhall, *Dissenting Deputies; School of Oriental and African Studies,* CWM

Dr Williams's Library/Trust

## Llyfrau

Beaton, Patrick, *Creolies and Coolies* (London, 1859).

Bennett, James, *Memoirs of the life of David Bogue* (1827).

Black, David Alan, *Linguistics for Students of the New Testament Greek* (Baker Books, 1988),

Bogue, David, *Discourses on the Millennium* (London, 1818).

Bromfield, J., *Lower Brittany and the Bible* (London, 1863).

Broomhall, Marshall, *Robert Morrison* (London, 1863).

Broomhall, Marshall, *The Bible in China* (B.F.B.S., 1934).

Canton, William, *History of the British and Foreign Bible Society* (London, 1904)

Carey, William, *An Enquiry* (Leicester, 1792; Ad-argraffiad BMS, 1934).

Carr, Glenda, *William Owen Pughe* (Caerdydd, 1983).

Carson, D. A., *The King James Version Debate* (Baker Books, 1979).

Chadwick, Owen, *The Secularization of the European Mind* (Canto ed. 1990).

Charles, Thomas, *Geiriadur Ysgrythyrol* (Wrexham, 1886, 7ed arg.)

Cowan, George M., *The Word That Kindles* (Wycliffe Bible Translators, 1979).

Curtis, Samuel Ives, *Franz Delitzch: a memorial tribute* (T. and T. Clark, 1891).

Darlow, T. H. and F. Moule, *Historical Catalogue of the Printed Editions of Holy Scripture in the Library of the British and Foreign Bible Society* (i-iv, London, 1911).

Davies, Ceri, gol. *Rhagymadroddion a Chyflwyniadau Lladin, 1551-1632* (Caerdydd, 1980)

Davies, J. P. cyf., *Traethiadau Egluraol ar y Datguddiad gan y diweddar Barchedig Andrew Fuller* (Caerfyrddin, 1818).

Davies, John, *History of the Tahitian Mission, 1799-1830*, ed. C. W. Newbury (Cambridge 1961).

Duthie, Alan S., *Bible Translation* (Paternoster, 1985).

Edwards, Charles, *Y Fydd Ddi-ffuant* (Copi Llyfrgell Salesbury, Caerdydd

Evans, E. Lewis, *Cymru a'r Gymdeithas Genhadol* (Llandysul, 1945).

Evans, J. J., *Dylanwad y Chwyldro Ffrengig ar Lenyddiaeth Cymru* (Lerpwl, 1928).

Evans, W Morgan, *Hanes y Rhyfel Rhwng Ffrainc a Germani* (Caerfyrddin, 1873)

Foster, Joseph, *Alumni Oxoniensis 1715-1886* (1888).

Froom, Le Roy E, *The Prophetic Faith of our Fathers* (Washington, 1950-54).

Girdlestone, R. R., *Suggestions for Translators, Editors and Reviser* (London, 1877).

Griffiths, David, *Hanes Madagascar* (Machynlleth, 1842).

Griffiths, David, *The Persecuted Christians of Madagascar* (London 1841).

Griffiths, Penar, *Cenadon Cymreig* (Caerdydd, 1897).

Gruffydd, R. Geraint gol., *Y Gair ar Waith* (Gwasg Prifysgol Cymru, 1988).

Gunson, W. N., *Messengers of Grace* (Melbourne, 1978).

Hickin, Ronald, *Abundance of Rain, 1817-1867* (B.F.B.S.).

Hope, J., *Brittany and the Bible* (London, 1852).

Hughes, Garfield H., *Iaco Ab Dewi* (Caerdydd, 1953).

Hughes, H.M., *Dr Griffith John* (Oxford University Press, 1914).

Hughes, John, *Horae Britannicae* (1819).

Jeffreys, Keturah, *The Widowed Missionary's Journal* (Southampton, 1827).

Jenkins, D. E., *The Rev. Thomas Charles of Bala* (i-iii, Denbigh, 1908).

Jenkins, John a Llewellyn, *Hanes Buchedd John Jenkins* (Caerdydd, 1859).

Jenkins, R. T., *Yng Nghysgod Trefeca* (Caernarfon, 1968).

Jenkins R. T. gol., *Y Bywgraffiadur Cymreig hyd 1940* (Llundain, 1953).

Jenkins, R. T., *Hanes Cymru yn y Ddeunawfed Ganrif* (Caerdydd, 1928).

Jenkins, W.M., *Life and Work in Khasia* (Newport, n.d.).

John, Griffith, *A Voice from China* (London, 1907).

Johns, David and J. J. Freeman, *A Narrative of the Persecution of the Christians in Madagascar* (London, 1840)

Jones, D. G. Merfyn, *Y Popty Poeth* (Bwrdd y Genhadaeth, M.C., 1990).

Jones, David cyf., *The Antiquities of Nations [Pezron]*, (London, 1706).

Jones, Hywel R., *Samuel Tregelles* (Evangelical Library, London 1975).

Jones, Josiah Thomas, *Geiriadur Bywgraffyddol o Enwogion Cymru* (Aberdâr, 1870).

Jones, Morgan, *Y Dydd yn Gwawrio* Caerfyrddin, 1798).

Jones, Peter, *History of the Ojebway Indians* (London, 1861).

Jones, Peter, *Life and Journals* (Toronto, 1861).

Jones, R Tudur, *Hanes Annibynwyr Cymru* (Abertawe,

Jones, R Tudur, *Thomas Charles o'r Bala* (Caerdydd, 1979).

L.M.R., *The Book and its Story* (London, 1857 ed.).

Latourette, K.S., *A History of Christian Missions in China* (S.P.C.K., 1929).

Lloyd, J. M., *Arloesydd Lwshai* (Cyngor Cenhadol Unedig, 1958).

Lloyd J. Meirion, *Y Bannau Pell* (Bwrdd y Genhadaeth M.C., 1989).

Lloyd, J. Meirion, *Ar Bob Bryn Uchel* (Lerpwl, d.d.).

Lovett, Richard, *History of the London Missionary Society* (2 vols. 1899).

Metzger, Bruce M., *The Text of the New Testament* (Oxford, 1976 ed.)

Murray, Iain, *The Puritan Hope* (Banner of Truth, 1971).

Nida, Eugene A., *Towards a Science of Translating* (Leiden, 1964).

Owen, Charles, *An Account of the Life and Writings of Rev. James Owen* (London, 1709).

Owen, John, *The History of the B.F.B. S.* (1820).

Owen, John, *The History of the Origin and the First Ten Years B.F.B.S* (London, 1816).

Peter, David, *Hanes Crefydd yng Nghymru* (Caerfyrddin, 1816).

Peter, David, *Y Dydd yn Gwawrio* (Caerfyrddin, 1809).

Rees, T. a J. Thomas, *Hanes Eglwysi Annibynol Cymru* (i-iv, Liverpool, 1871-75).

Robson, William, *Griffith John* (London, n.d.).

Rosman, Doreen, *Evangelicals and Culture* (London and Canberra, 1984).

Smith, Donald B., *Sacred Feathers* (University of Toronto, 1987).

Smith, Edwin W., *Great Lion of Bechuanaland* (L.M.S., 1956).

Smith, Graeme, *Triumph in Death* (Evangelical Press, 1987).

Stanley, Brian, *The Bible and the Flag* (Apollos, 1990).

Stock, Eugene, *History Church Missionary Society* (C.M.S. 1899).

Thomas, Ednyfed, *Bryniau'r Glaw* (Bwrdd y Genhadaeth, 1988).

Thomas, Isaac, *William Salesbury and His Testament* (Cardiff, 1967).

Thomas, John, *Sardinia and Rome* (London, 1925).

Thomas, Joshua, *Hanes y Bedyddwyr Ymhlith y Cymry* (Caerfyrddin, 1778).

Thompson, Walter, *Griffith John* (London, 1906).

Venn, J. A., *Alumni Cantabrigiensis* (1951).

Williams, Glanmor, *Grym Tafodau Tân* (Gomer, 1984).

Williams, Jane, ed., *Literary Remains* (Llandovery, vol. 1, 1854, vol. 2, 1855).

## Ffynonellau eraill

Adroddiad, *Cymdeithas Genadol Dramor Methodistiaid Calfinaidd Cymreig*

*Dictionary of National Biography.*

*Religious Encyclopaedia Schaff-Jackson* (4 vols, 1891).

*Annual Reports British and Foreign Bible Society, 1805-1907.*

*Annual Report National Bible Society of Scotland, 1880-1892.*